生活安全条例とは何か

監視社会の先にあるもの

「生活安全条例」研究会編

現代人文社

生活安全条例とは何か——監視社会の先にあるもの

刊行にあたって

「生活安全条例」と総称される条例が、全国の都道府県・市町村に広がりつつあります。「犯罪が増えて不安感が高まっているから、自治体や住民ぐるみで安全を守ろう」「自分たちのまちは自分で守ろう」というキャッチフレーズで語られており、ちょっと見ただけでは問題点がわかりにくい条例でもあります。「生活安全条例」の拡大と並行して、監視カメラや「民間交番」「民間パトロール」も増え続けており、買い物がてらの「買い物パトロール」、愛犬を連れた「わんわんパトロール」も生まれています。

「生活安全条例」をつくれば本当に安心してくらせるまちが生まれるのだろうか。監視カメラや「民間パトロール」は、住民がお互いに監視する窮屈な社会をつくってしまうのではないだろうか。自治体や住民に警察と同じような防犯の責務があるのだろうか。憲法が保障する人権との関係で問題はないのだろうか等々、考えるべき問題がたくさんあるのではないでしょうか。

　こうした問題意識から、二〇〇四年三月に行われた青年法律家協会弁護士学者合同部会による第一二回人権研究交流集会の「生活安全条例」分科会で知り合った研究者と弁護士は、『生活安全条例』研究会」をつくって共同の検討を続けてきました。本書は、この研究会での検討を踏まえて、「生活安全条例」について多面的に検討・解明することをめざしたものです。

　本書の構成は、「生活安全条例」についての疑問や論点を12のQ&Aで明らかにした第一部と、執筆者がかかわるそれぞれの分野から「生活安全条例」を考察した第二部からなっています。問題関心にあわせてどこからでもお読みいただければと思います。

「生活安全条例」を考え、批判的に検討するために、本書が役立てば幸いです。

二〇〇五年一月

「生活安全条例」研究会

生活安全条例とは何か――監視社会の先にあるもの

第1部　Q&A 生活安全条例12の疑問

◎「生活安全条例」研究会メンバー

清水雅彦（しみず・まさひこ）
明治大学講師。
主な著作に、「石原都政と『強い国家』―東京都の治安政策に焦点をあてて」（ポリティーク 8 号、2004年）、『わかりやすい法学・憲法』（共著、文化書房博文社、2005年 3 月刊行予定）などがある。
（一言）モットーの一つに「悪法と闘え」。ライダーとして、高速道 2 人乗り解禁の次の課題は、 2 輪料金引き下げと法定速度引き上げです。

田中隆（たなか・たかし）
弁護士。北千住法律事務所。自由法曹団常任幹事・東京支部都政対策委員長。
主な著作に、『有事法制のすべて』『有事法制とアメリカの戦争』（共著、ともに新日本出版社）などがある。
（一言）自由法曹団では、政治改革、阪神・淡路大震災、有事法制、石原都政問題などに対応。基本テーマはグローバリゼーション・構造改革との対抗。

佐々木光明（ささき・みつあき）
神戸学院大学法学部教授。
主な著作に、『ハンドブック少年法』（共著、明石書店、2000年）、「少年法『改正』における危機の創出とプライバタイゼーション－もとめられる市民的協同の構想」石塚伸一編『現代市民法論と新しい市民運動』（現代人文社、2003年）149－166頁などがある。
（一言）子どもがどこかで「希望」を見いだせる社会でありたいと思っています。

新屋達之（しんや・たつゆき）
大宮法科大学院大学教授。
主な著作に、『刑事弁護コンメンタール刑事訴訟法』（共著、現代人文社、1998年）、「変容する刑事規制と刑事法学の課題―訴訟法の立場から」刑法雑誌43巻 1 号などがある。
（一言）最近の研究テーマとして、検察制度や刑事訴追制度のあり方、刑事手続立法問題などがある。

石埼学（いしざき・まなぶ）
亜細亜大学法学部助教授。
主な著作に、「市民の立場で不服従」法学セミナー586号（2003年10月）、「『自己実現』と人権論」現代思想第32巻12号（2004年10月）などがある。
（一言）寛容さと余裕を急速に失いつつある社会を危惧する。しかし、私が、自由な社会への夢をあきらめることはないだろう。

第1部

Q&A 生活安全条例12の疑問

Q1 「生活安全条例」とはどのような条例ですか？

◎キーワードは「安全」

全国の地方自治体で「生活安全条例」の制定が続いています。自治体ぐるみ、住民ぐるみの「防犯活動」を要求し、相互に監視しあう社会を生み出そうとする大きな問題をはらんだ条例です。「生活安全条例」「地域安全条例」「安全・安心まちづくり条例」「安全で快適な生活環境の整備条例」など名称はさまざまで、最近では「防犯推進条例」「治安回復推進条例」なども現れていますが、キーワードになっているのはいずれも「安全」です。これらの条例を総称して「生活安全条例」と呼んでいます。

「生活安全条例」にはさまざまなバリエーションがありますが、共通しているのは、地方自治体の責務や事業者・住民の「防犯」についての責務が規定され、警察・自治体・地域団体などを含めた推進体制[*1]が規定されていることです。「治安が悪化して不安感が強まっているから、警察・自治体・事業者・住民が協働して安全・安心まちづくりを進めなければならない」という耳ざわりのいい言葉で説明されていますが、「防犯が住民の責務か」「犯罪防止が地方自治体の重点課題か」などについては、厳密な検討・検証が必要です。

＊1推進体制　東京都条例（巻末資料に掲載）では都レベルで「安全・安心まちづくりを推進する体制を整備する」とするだけでなく、地域レベルでは警察署長が「管轄区域において、区市町村及び都民等と協働して」体制整備を行うものとする（六条）。小松島市条例（巻末資料に掲載）でも「必要に応じて関係者による協議会」を開くとされており（第四条）、七〜八条のごく短い条例でも「足立区生活安全推進協議会を置く」（足立区条例第六条）のように推進体制を規定するものがほとんどである。

◎「生活安全条例」の沿革と市町村の条例

「生活安全条例」の制定が本格的にはじめられたのは、警察庁に生活安全局が設置されて地域に密着した「生活安全警察」が強調されだした一九九四年のことでした。この年、徳島県や佐賀県の町村部で制定がはじまり、その後もしばらくはいわゆる「ローカル県」の市町村を中心に制定が続いてきました。このころの市町村条例の多くは七〜八条のごく簡単なもので、自治体や住民の責務を定めて安全推進協議会などの推進体制をつくるというだけのものでした。これだけだとなにが問題かわからない面があり、「議論もないまま全会一致で成立」となったケースも多かったと思われます。

条例を推進している全国防犯協会連合会（全防連）がホームページに掲載したリストによれば、二〇〇二年一〇月時点で制定した区市町村は約一二〇〇、その後もどんどん制定されていますから現在では一四〇〇を越えているでしょう。すでに区市町村の四〇％以上で制定されていることになります。

ここ数年、一般的な責務と推進体制にとどまらず、具体的な義務や禁止事項を組み込んで指導や取締りを行おうとする条例が現れてきました。路上喫煙を禁止して違反を過《か》料＊2（行政罰）にするとともに、共同住宅やスーパーのホールなどに「防犯カメラ」の設置を義務づけた千代田区条例、「つきまとい」に照準をあてて「つきまとい・勧誘禁止地域」を指定し、違反には警告や氏名発表のペナルティを課す八王子市条例、公園などに「ペットの糞」を放置すると最

＊2行政罰　刑事訴訟法にもとづいて捜査機関（警察など）の捜査と裁判手続を経て課される刑事罰（死刑・懲役・禁錮・罰金・拘留・科料）に対し、行政上の義務違反に対して行政機関が裁判を経ないで課すことができる罰則を行政罰という。千代田区条例で路上喫煙者に課される「過料」は行政罰であり、刑事罰よりも軽微ではあるが裁判手続を経ないで課されるため恣意的運用に流れる危険も大きい。

高罰金五万円とした杉並区条例などが代表例です。住民の「不安感」を理由にした条例が、「治安の悪化」とは直接結びつかない路上喫煙や「ペットの糞」に広がり、「迷惑な行為」「不快にさせる行為」を禁止して罰則で強制しようという流れになっています。

◎都道府県の条例と地方自治体ぐるみの推進体制

一〇年かけて広がってきた市町村の条例に比べて、都道府県での条例の制定がはじまったのは二〇〇二年になってからです。この年六月に制定された大阪府条例（安全なまちづくり条例）には、鉄パイプやバット等を目的外で所持することを犯罪とする「鉄パイプ目的外所持罪」まで加えられました。その後、広島県、茨城県、滋賀県と拡大し、二〇〇三年七月には「東京都安全・安心まちづくり条例」（巻末資料）が制定されました。東京都条例を契機に都道府県条例は一気に拡大し、二〇〇四年末までに一五を超える都府県で制定されています。

東京都条例では、当初予定された「鉄パイプ目的外所持罪」は導入されませんでしたが、学校、道路・公園、住宅などの施設・設備の安全をはかる責務を課し、地域ごとに推進体制をつくることを義務づけました。この都条例により、区市町村条例のあるなしにかかわらず、区市町村単位（あるいは警察署単位）の推進協議会が続々と生み出されています。

都道府県条例の制定にあたって、団体代表や有識者などでつくる懇談会への諮問が行われることがありますが、提出される答申や制定される条例はほとんど同じものです。「首都の治安の悪化」を掲げた東京都条例と「ちゅらさん運動」を提唱した沖縄県条例（ちゅらうちな条例）

が瓜二つのものになっているのは、「生活安全条例」が警察の主導によってつくられているためです。

◎「生活安全条例」と「民間防犯」

「生活安全条例」が掲げる「自治体・住民ぐるみの防犯」が、各地に広がっています。路上喫煙を禁止した千代田区では、区の職員と警察官ＯＢなどの地域パトロールが行われ（本書カバー写真参照）、喫煙者を見つけると摘発にあたっています（行政罰の過料は自治体が課すことが可能）。神奈川県・山北町の条例では、町長が任命し町費で報酬が支払われる「防犯指導隊」が地域パトロールにあたることになっています。「民間交番」（世田谷区）や「買い物パトロール」（墨田区）、「高尾防犯パトロール少年隊」（八王子市）などの「民間防犯活動」も広がっています。これらは条例に規定はありませんが、「生活安全条例」と同じ考え方によるものです。

こうした活動の多くは善意と意欲に支えられたものですが、住民が「警察の目」で地域社会を見つめていくことにならざるを得ない性格をもっており、住民同士が監視しあう相互監視の社会を生み出す危険をはらんでいます。

（田中）

生活安全条例ワンポイント知識①

奇妙な犯罪

生活安全条例には，なんとも理解できない犯罪がたくさん盛り込まれています。つぎにあげるのはその典型です。

①飼っている犬の糞をみだりに公共の場所に放置してはならない。違反すると２万円以下の過料。区長の改善措置命令を受けて従わないと５万円以下の罰金。

②公衆が出入りできる場所や公衆が利用できる乗物で，鉄パイプ・バット等の棒状の器具で人の生命・身体に害を加えるおそれのあるものを，本来の用途に使用する以外で携帯してはならない。違反すると10万円以下の罰金。

①は「杉並区生活安全及び環境美化に関する条例」の「犬の糞放置罪」，②は「大阪府安全なまちづくり条例」の「鉄パイプ等目的外所持罪」。いずれも「生活安全条例」に盛り込まれた新しい犯罪です。

ペットの糞の放置がいいとはいいませんが，軽微なマナー違反を犯罪にする必要があるでしょうか。「鉄パイプやバットは殺人の道具にされるかもしれないから」と言い出せば，ビール瓶でもロープでも同じ理屈。こんな奇妙な犯罪でがんじがらめにされる社会が，本当に安全で住みよい社会でしょうか。

（田中）

Q2 なぜこのような条例が制定されてきているのですか？

◎実態は警察主導の条例作り

「生活安全条例」制定のきっかけとしては、ピンクチラシ等の「環境浄化」（東京都豊島区）、オウム真理教（現アーレフ）対策（東京都世田谷区）、大阪・池田小児童殺傷事件（大阪府）など、地域の特殊事情により制定された場合があります（ただし、本当に純粋な自治体立法なのか、警察がどの程度関与していたのかははっきりしません）。

しかし、一方で全国各地でよく見られるのは、防犯協会が市町村へ陳情を出したり、都道府県警が市町村へ要請したりして制定されている場合です。たとえば、全国で最も有名と思われる東京都千代田区の「生活安全条例」[*1]の（二〇〇二年六月制定）の場合、これは決して区長が独自に考えて、マスメディアがいうところの「路上禁煙条例」を提案したわけではありません。条例制定の直接のきっかけは、二〇〇一年七月に区長に提出された区内防犯協会会長（代行）の連名による「生活の安全に関する条例」の制定を求める陳情書でした（ここでは路上禁煙には一切触れておらず、内容はいわゆる「生活安全条例」の制定を求めるものです。路上禁煙規定が入ったのは、その後の住民の声を取り入れた結果にすぎません）。さらに、二〇〇二年四月からは、条例の担当部局に警視庁から出向警察官を受け入れ、この警察官関与の下で条例作

＊1 資料のページ参照。

りが進み、施行後は運用面で大きな力を発揮するのです。

千代田区条例の事例が典型的ですが、「生活安全条例」自体は、警察白書や警察学論集（警察大学校編集の雑誌）でも警察自ら触れているように、警察、特に警察庁生活安全局が制定の必要性を主張してきた条例です。また、警察の関連団体である全国防犯協会連合会（全防連）も推進母体の一つです。なんと、全防連のホームページ（http://www.bohan.or.jp）では、北海道から沖縄までいつどの自治体でどのような名称の「生活安全条例」が制定されたかの一覧を掲載していますが、このようなところにも誰がこの条例作りを推進しているのかがよくわかると思います。すなわち、警察庁と全防連を頂点に、各都道府県警・防犯協会が中心になって制定してきたのが「生活安全条例」なのです。

◎「生活安全警察」の狙い

では、なぜ警察はこの条例を各地で制定してきたのでしょうか。警察庁の生活安全局は一九九四年の警察法改定により設置されましたが、これには、「犯罪情勢の悪化の背景には、近年における都市化や国際化、ボーダレス化等の社会情勢の変化による住民の連帯意識の希薄化、匿名性の増大等が、地域社会の結び付きを脆弱化させ、これまで地域社会に内在していた犯罪抑止機能が働かなくなっている」（島田尚武「生活安全局の設置について」警察学論集四七巻一〇号〔一九九四年〕一一一頁）という認識が背景にありました。そのため、警察法では生活安全局の所掌事務の筆頭に「犯罪、事故その他の事案に係る市民生活の安全と平穏に関すること」(警察法二二条一号)を掲げたのです。

この生活安全局が地域で熱心に推進しているのが、一九九三年に登場した概念である「地域安全活動」です。これは、地域の安全確保のために警察が地域社会に入り、住民・ボランティア団体、自治体などと協力しながら警察活動を行おうというもので、ここでは事件・事故の事後よりは発生前の予防先行的活動が特に求められています。

そしてこの「地域安全活動」を展開する上で、「生活安全条例」が活用されているのです。警察サイドはこう言っています。「地域安全活動の推進を図る上で、この種条例[生活安全条例]を制定することは必ずしも必須の要件ではない。……[しかし、]『生活安全条例』が制定されれば、自治体及び住民の責務が明確になるとともに、協議会等の場を通じて示された住民の要望・意見等が市町村長に対して提言されることとなり、そうした仕組みが、地方自治の本旨に基づく自治立法たる条例により規定されることは、その後における恒常的かつ安定的な活動を担保する意味で極めて意義深いと考えられる」(横山雅之「『生活安全条例』の制定と地域安全活動の効果的推進」警察学論集四九巻八号〔一九九四年〕七九頁)。要するに、「地域安全活動」を推進する上で、「生活安全条例」はないよりあった方がいいから制定しようということなのです。

◎「生活安全条例」制定のうまみ

日本は民主主義国家であり、国民が選出した代表者が国政を執り行います。実際の行政の担

＊2警察官の再雇用の保障
「生活安全条例」で禁止された路上喫煙などを指導・取り締まる「巡回パトロール」の要員(東京都千代田区)や、「生活安全条例」制定後の「安全・安心まちづくり」推進のために導入された自治体の「パトロール車」(塗装などをパトカーに似せた車)で巡回するパトロール隊員(東京都杉並区や神奈川県厚木市など)に警察官OBを充てるなど、全国各地で同様の取り組みが増えている。

い手は公務員ですが、「公務員は、全体の奉仕者であって」（憲法一五条二項）、公務員には憲法尊重擁護義務が課せられています（憲法九九条）。しかし、残念ながらいつの時代でもどの国でも、国家権力、とりわけ警察権力が国民を監視・支配しようと機能しがちです。また、権力は肥大化していきます。

そういう意味で、「生活安全条例」の制定は、従来、警察が入り込めなかった市民社会に入り込み、しかも自治体・地域住民を警察の下に組織化することを可能とします。また、条例による具体策として、警察官ＯＢの活用は警察官*2の再雇用を保障し、監視カメラの設置は警察と利害関係のある*3セキュリティ業界に利益をもたらします。したがって、「生活安全条例」の制定には、前面に掲げる「犯罪抑止」の裏側に、警察のうまみの構造も見なくてはなりませんし、警察国家化の進展と利権構造に注意が必要です。

（清水）

＊3セキュリティ業界の利益　「体感治安の悪化」に伴い、最近は各家庭・オフィスなどで「防犯ガラス」「防犯センサー」「防犯カメラ」などの設置が進んでいる。この中でも「防犯カメラ」を中心とする画像セキュリティー機器市場が、二〇〇一年に約一三〇〇億円だったのに対して、二〇〇四年には約一六〇〇億円にも拡大する見込みであるとされている（神奈川新聞二〇〇三年二月三日付記事参照）。

生活安全条例ワンポイント知識②

防犯協会は警察の外郭団体？

防犯協会は法律に基づく組織ではなく，「防犯知識の普及，安全な地域環境づくり，少年の健全育成，覚せい剤などの薬物乱用防止，高齢者の防犯対策，悪質商法の被害防止，暴力の追放，風俗環境の浄化など，効果的な防犯活動を推進し，犯罪や暴力・非行のない安全で明るく住みよい地域社会の建設に寄与することを目的としたボランティア組織」（岩手県にある気仙地区防犯協会連合会ＨＰによる）だとされています。

数や沿革・実体の的確な把握は難しいのですが，東京都では，当時のＧＨＱにより町内会の組織が禁止されたため，それに代わって1947年に多数結成されたといわれています（日弁連編『検証日本の警察』359頁）。おおむね警察署単位で地区や職域の防犯協会が設置され，それがいくつか集まって防犯協会連合会を構成し，さらに都道府県の防犯協会連合会，全国防犯協会連合会が作られています。

ボランティア組織といわれますが，「警察との協力」や「警察と一体」の活動を謳うところも多く，事務局のほとんどは警察署や県警本部の生活安全課に置かれています。その活動は地方自治体・警察の支援を受け，自主防犯活動，防犯パトロール，様々な防犯イベントや企画を実施する他，防犯器具の推薦・販売などを行なっていることも少なくなく，実質的には警察の外郭団体として位置づけることができます。

（新屋）

Q3 「治安」が悪化しているから必要なんでしょ!?

◎イメージと「治安」

社会安全研究財団が行った調査で(「犯罪に対する不安感に関する世論調査」(二〇〇二年))、居住地域での治安の悪化を感じている割合は一一%であるのに比して、日本全体での治安の悪化を感じている割合は六一%でした。治安への関心のきっかけはテレビ・新聞で、八三・九%となっています(内閣府「治安に関する世論調査」(二〇〇四年))。情報のあり方が社会的不安と密接に関わり、かつ政策への追認を生みだしていることがわかります。犯罪・少年非行の「凶悪化、増加、低年齢化」が喧伝されるなかで、論議は「一般化」されがちです。しかし犯罪は本来、個別性を持っていて、自転車の一時使用の窃盗も夜道でひったくられる窃盗もひとくくりにしては、的確な犯罪対応策を取りにくくなります。

「治安」とは、本来、「犯罪の質と量に関わるとともに、警察をはじめとした社会の犯罪統制能力の総体」と考えることができます。治安の悪化をいい、それに対する「対策」をとるのであれば、その基礎として、どのような内容の犯罪がどの程度増加・凶悪化し、そして社会や警察のどのようなところが弱体化してるのかの検証と分析のうえで、はじめて対策の立てようがうまれてくるはずです。しかし、現在そうした立論による対策論は聞こえてきません。*1 二〇

*1 統計から治安の悪化論を詳細かつ批判的に検討したものに、河合幹雄著『安全神話崩壊のパラドックス』(岩波書店、二〇〇四年)、浜井浩一「日本の治安と犯罪対策」『犯罪社会学研究二九号』(日本犯罪社会学会、現代人文社、二〇〇四年)

〇四年の参院選挙では自民、民主党など政党のマニフェストで、路上監視カメラの導入、警察官の増員、厳罰化政策をうたいましたが、その治安悪化の根拠は示されることはありませんでした。

◎「治安の悪化」の実像

犯罪件数に関して、一般刑法犯（刑法犯から人身交通事故をひいた数）が一九九七年頃から増加し、戦後最高の二八五万件になり、また検挙率*2は最低という報道がありました。増加の背景の一つに、統計の取り方の問題があります。警察が届け出を「受理」し統計に入れたものが「認知件数」に反映されます。従来全ての被害届等をカウントしてきたわけではなく調整があったのですが（警察の広報としても統計は重要でした）、九〇年代後半から方針を変え、全てを統計にあげ始めたことによって急増していくことになります。被害者対応の要綱と施策の中で一九九八年から強制わいせつ事犯の認知件数が急上昇していきました。被害申告を発掘した成果ともいえますが、ちかん行為や夜間の破廉恥行為が多数を占めることもあって、検挙しにくい類型で検挙率は大きく下降することになります。「暴行・傷害」の認知件数も急増してますが、二〇〇〇年三月、警察庁が通達で告訴・告発を含む困りごと相談体制の強化指示していることと密接です。一九九九年の桶川ストーカー事件*3での警察批判に応えようとしたものでした。警察安全相談は二〇〇〇年には前年度の二倍の七四万件を超え、二〇〇三年には一五〇万件を超えました。その相談受理は、刑法犯認知件数に結びつき、それを一気に押し上げるとと

＊2検挙率　捜査機関である司法警察職員や検察官がその発生を認知した犯罪事件について、被疑者を特定し、警察が事件を検察官に送致・送付したいわゆる検挙件数の犯罪発生件数に対する割合。

＊3桶川ストーカー殺人事件　一九九九年一〇月埼玉県JR桶川駅前で女子大生（二一歳）が元交際相手の兄（二〇〇三年一二月無期懲役の実刑確定）に刺されて死亡した事件。生前、交際相手を名誉毀損で告訴していたが、事件後も捜査せず、警察は告訴調書も被害届に改ざん、放置していた。ストーカー規制法（二〇〇〇年）制定の契機となった事件。

もに検挙率を下げることになりました。見かけの暴力犯罪統計の急激な悪化には、警察活動の変化が大きく影響していることがわかります。

また、余罪の追及によって一件の窃盗犯から数件が判明することで検挙率は上がることになりますが、そうした余罪追及が充分されないと検挙率は下がる一方になります。検挙率の低下は、こうした統計の取り方、捜査のあり方や犯罪全体で把握されることから、「一気に低下する検挙率」となって現れるといった面もあります。

凶悪化をいうときの根拠の一つが「強盗」の増加です。ただ、従来、カツアゲ―恐喝とされていたものや、窃盗でも被害状況から「強盗」とされる状況があるようです。強盗で検察官に送致されても起訴の段階や裁判によって強盗から恐喝等への認定替えがされる場合も多く見られます。なお、そうした点を考慮しても、ピッキングなどの侵入盗やひったくりなどの財産犯は増加傾向にあります。

凶悪化について、人命の点から見ると、犯罪による死者数（交通業過を除く）は一九六八年で三五〇〇人以上でしたが、二〇〇三年には一五〇〇人以下で、殺人による死者は六〇〇人前後で横ばいです。

いかにも犯罪が凶悪化しているとして不安ばかりを高めるのではなく、マスメディアも統計の持っている意義と限界を明確にしながら伝える必要がありそうです。

私たちも「イメージ」だけで凶悪化と判断するのではなく、たとえば少年非行にしても、「稚拙化」とも考えることもできますし、非行の背景にも目を向ける必要がありそうです。

◎「体感治安」という「装置」

「体感治安」という言葉もあります。犯罪報道に触れたり、近所で空き巣などの事件があったことを聞くにつけ何となく不安になります。体感治安とは、この不安を言い換えたものということができます。「不安」は、あおることによって高めることができます。不安は、たとえば「不審な外国人がうろついている」といった「不安」情報によって、さらに社会的緊張を高めることができます。犯罪統計を持ち出して、「治安が悪くなった」という「一種の社会的緊張警報」がならされるとその不安感は一気に高まることになります。

そうしたことの中で起きやすくなるのは、「強き力」への依存とその待望といえます。強い力とは、たとえば法の「制裁」を厳しくすること（重罰化）や警察力などの「公権力」であり、それを強化することで安心を回復しようというわけです。この「体感治安」という用語は、一九九七年警察庁長官によって造語的に使用されたもので、警察施策の積極的介入の契機として持ち出されたものでもあります。治安に対する不安について内閣府が行っている調査でも、それまで治安の改善、悪化も同程度であったものが九八年以降その差を広げ治安の悪化をあげる割合が高くなっています。さて、はたしてそうしたことによって「安心」「安全」な町が生まれていくのでしょうか。その地域に暮らす一人として、また日本社会に生きる一人として、自分が安心できる状況を創るために何が必要なのかを、考えてみる機会を創っていくことがまず大切だと思います。

（佐々木）

生活安全条例ワンポイント知識③

取締り方針で変化する犯罪統計

警察白書などの犯罪統計では，各種犯罪の「認知件数」や「検挙件数」が明らかにされています。警察白書によると，「認知件数」とは，「犯罪について，被害の届出，告訴，告発その他の端緒により，警察等が発生を認知した事件の数」のことで，簡単にいえば，捜査機関が犯罪だと考えて捜査を行った事件の数のことです。「検挙件数」とは，「警察等が検挙した事件の数をいい，検察官に送致・送付した件数のほか，微罪処分にした件数等を含む」とされていますが，要は，捜査機関が被疑者（「容疑者」の法律上の用語のこと）を特定して刑事事件として処理した数のことです。

このように，犯罪統計は「捜査機関が刑事事件としてとり扱った事件の数」を表わすものなので，これまで警察沙汰にならなかった電車内の痴漢の通報が増えれば強制わいせつの認知件数は増加し，100件の窃盗のうち重大な1件を除いて残りを「飲んで」しまえば検挙率は下がることになります。一方，暴行を加えた際に人の所持品を盗む行為を暴行＋窃盗として処理するか強盗として処理するかでも，認知件数・検挙件数は変動します。

犯罪統計は犯罪の動向を知る上で重要な資料ですが，同時に，数字になって現われるまでにさまざまなフィルターを通っており，捜査機関の取り締まり方針や被害者の届出の動向などでも変動することに注意が必要です。

（新屋）

Q4 「自分のまちは自分で守る」必要があるのではないですか？

まず、つぎの二つの条例をよんでください。

「この条例は、地域における犯罪を未然に防ぐとともに、市民生活の安全に関する意識の高揚を図ることにより、市民が安全で安心して暮らせるまちづくりに寄与することを目的とする」（八王子市生活の安全・安心に関する条例一条）。

「区民等は、相互扶助の精神に基づき、地域社会における連帯意識を高めるとともに、相互に協力して、安全で快適なまちづくりの自主的な活動を推進するように努めなければならない」（千代田区生活環境条例四条二項）。

◎より強い「防犯意識」のねらいは

「生活安全条例」とも関係して、「自分のまちは自分で守る」「自分の安全は自分で守る」といったことが盛んに言われています。また多くの「生活安全条例」は、住民の「防犯意識」の「高揚」を条例の目的としています。

誰しも犯罪の被害には遭いたくはないでしょう。だからこそ自宅に鍵をかけたり、貯金は銀行や郵便局に預けたり、貴重品は手元から放さない等、ほとんどの人が、日頃から「防犯意識」をもって生活しているのです。

では、「生活安全条例」が、わざわざ「防犯意識」を持つことを住民の責務としているのはなぜでしょうか。それは、日頃から多くの人が持っている「防犯意識」よりも強い「防犯意識」を住民に求めているからです。つまり従来から人々が習慣的に持ってきた「防犯意識」ではもう対応できないほどに「治安」が悪化しているという口実で、もっと強い「防犯意識」を住民に持たせようというのが、「生活安全条例」のねらいのひとつなのです。

より強い「防犯意識」とは何を意味するのでしょうか。それは、「防犯」すなわち犯罪の発生を未然に防ぐために、自治体や警察署等が行う防犯施策に協力する意識をもつことです。「生活安全条例」では、住民の責務として、このような自治体や警察署等への住民の協力努力義務が規定されています。たとえば、武蔵野市生活安全条例では、「市は、関係機関の協力を得て、市民生活の安全を確保するために必要な施策を実施するものとする」と二条一項で規定し、三条で「市民は、地域の安全を点検し、協同して犯罪を予防するための活動を行うようにつとめるとともに、前条第一項の施策の実施に協力するものとする」と規定しています。二条一項にある「関係機関」には、警察署も入ります。つまりこれらの規定では、武蔵野市民は、警察署等の関係機関の協力を得て武蔵野市が実施する市民生活の安全確保（＝犯罪予防）のための施策に協力する努力義務が課せられているのです。

◎強い「防犯意識」を行為で示す

さらに、「生活安全条例」が、住民に強い「防犯意識」を要求することは、住民にとっては、

「自分は防犯意識を持っています」ということを行為で示すことを要求されることにもなります。地域の防犯パトロールに参加する、あるいは自転車のカゴに「防犯パトロール中」というステッカーをつけるといった行為をすることが要求されるのです。「私は不審者ではありません」ということを証明しながらまちへ出ることを強いられるわけです。防犯協会や町会やPTAなどから、防犯パトロールへの参加を要求されたり、「防犯パトロール中」というステッカーをつけるように要求された場合、それをしないこと自体が、「不審者」扱いされる原因となる危険を伴うのです。「生活安全条例」は、このような行為を罰則などで強制するものではありませんが、個々人がこうした要求に従わないのは非常に勇気のいることでしょう。事業者であれば、その所有ないし管理する共同住宅、店舗などへの監視カメラの設置等によって、その「防犯意識」を証明せざるをえないことになります。

◎強い「防犯意識」の危険性

さて、このような強い「防犯意識」を住民に持たせることの法的な問題は何でしょうか。

第一に、Q6で詳しく触れますが、自治体と警察と住民が、一体となって防犯活動をすることは、公権力と個人は、建前上、対立関係にあり、公権力の活動を監視するのが個人の役割であるという立憲主義*1の原理に反します。ここでは公権力ｖｓ個人という立憲主義の社会像とは違い、公権力＋「善良な」個人ｖｓ「アウトロー」「不審者」という社会像が想定されているのです。

＊**1立憲主義**　公権力がもつ権限と公権力がやってはならないことを憲法典というかたちで明示し、公権力の恣意的な発動によって人権が侵害されることがないようにする仕組み。立憲主義の下に生きる市民は、公権力が憲法典に違反した権力発動をしないようにチェックする不断の努力をするべき存在である。

第二に、日本国憲法一九条[*2]の思想・良心の自由は、いかなる意識を持つことをも強制されないことを保障しています。人の心のなかには法は立ち入らないというのは近代法の大原則です。「防犯意識」、それも特定の方向性を持った「防犯意識」を住民が持つことを条例で規定すること自体に憲法上の問題があります。「意識」というものは、人の心の中の問題すなわち思想・良心の自由の問題ですから、法が立ち入ってはいけない領域なのです。

さらに防犯パトロールなどによって強い「防犯意識」をもっているかどうかを行為で証明させられる可能性もある「生活安全条例」は、思想・良心の自由を侵害する危険が強いものです。公立学校で「君が代」を歌ったり、伴奏したりすることを教師や生徒が強制される事態が、東京都[*3]をはじめ各地で深刻化しています。何らかの理由で「君が代」を歌いたくない、伴奏したくないという思想・良心の自由を、行為の強制によって踏みにじっているのです。「生活安全条例」の「防犯意識」も、これと同じことになる可能性があるので十分な警戒が必要です。

このように「生活安全条例」は、「防犯」という目的のために、立憲主義社会において非常に重要な人権である個人の思想・良心の自由を踏みにじるものなのです。

（石埼）

＊2憲法一九条　思想及び良心の自由は、これを侵してはならない。

＊3東京都での日の丸・君が代の強制　東京都教育委員会は、二〇〇三年一〇月二三日に、都立高校と都立盲・ろう・擁護学校に対して、学校行事での日の丸・君が代の取扱いについての詳細な「実施指針」を通達として発した。さらに東京都教育委員会は、この通達を職務命令とし、卒業式等に都の職員を派遣し、君が代斉唱時に着席した教員ら多数を懲戒などの処分にした。

生活安全条例ワンポイント知識④

石原知事も好きな「割れ窓理論」

1982年にアメリカの研究者によって提唱された理論で，原語はBroken Windows Theoryといいます。意味は，「建物やビルの窓ガラスが割られて，そのまま放置しておくと，外部から，その建物は管理されていないと認識され，割られる窓ガラスが増える。建物やビル全体が荒廃し，それはさらに地域全体が荒れていくという理屈である。つまり，……たった一枚の割れ窓の放置から起きる荒廃の始まりで，街は荒れ，無秩序状態となって犯罪は多発し，地域共同体を作っていた住民は街から逃げ出し，街が崩壊する」（全国防犯協会連合会ホームページより）というものです。

この理論を採用したのがニューヨーク市のジュリアーニ市長であり，警察官増員，徹底した徒歩パトロール，軽微な犯罪の取り締まりにより，治安を回復したとされています。

日本でも警察や防犯協会などが「割れ窓理論」の紹介に力を入れ，自治体でも石原慎太郎東京都知事などがニューヨークの治安政策を参考にしています。しかし，治安悪化の根本原因を解決しないで，治安強化を招きかねない理論ともいえます。

（清水）

Q5 防犯や治安は自治体の役割ではないのですか？

◎警察の任務と地方自治体の役割

「生活安全条例」では、犯罪予防にあたるのが警察だけでなく地方自治体の責務でもあるように言われています。防犯は地方自治体の役割でしょうか。

警察法では、警察の責務は「犯罪の予防、鎮圧及び捜査、被疑者の逮捕、交通の取締その他公共の安全と秩序の維持にあたること」とされています（二条一項）。警察は「犯罪の予防、鎮圧」を任務とする機関であり、警察官に小型武器（拳銃など）を所持することが認められ（警察法六七条）、犯罪予防のための警告権・制止権（警察官職務執行法五条）、立入権（同六条）、質問権（同二条）などの権限が付与されているのも任務の特殊性によります。防犯や治安の責任を負っているのは、拳銃の所持・使用や強力な権限が認められている警察であり、その警察の役割を自治体や自治体の職員が替わって担えるものではありません。このことは、「自治体職員のパトロール隊が凶悪犯と向き合ったらどうすればいいいか」を考えれば明らかでしょう。

これに対して、「住民の福祉の増進を図ることを基本として、地域における行政を自主的かつ総合的に実施する役割を広く担う」のが地方自治体の役割とされています（地方自治法一条の二）。社会福祉・保健医療・環境保全・教育・交通・住宅・都市計画・防災・産業など、広範な分野の施策を総合的に実施して住民のくらしを守っていくのが地方自治体の仕事です。住民の安全を守ることも地方自治体の仕事のひとつではありますが、自然災害や火災、交通事故などの危険に対する安全や、地域コミュニティの形成によるトラブルの防止など、総合的な安全を考えるのが地方自治体の役割です。犯罪防止・治安だけを突出させて、住民が住民を監視するに等しい監視カメラや民間パトロールを推進することは、本来の地方自治体の役割から逸脱したものです。

◎なぜ自治体ぐるみの防犯か——「生活安全条例」の論理

「東京都安全・安心まちづくり懇談会報告書」（二〇〇二年一二月）には、自治体・住民ぐるみの防犯を要求する「論理」があけすけに語られています。

報告書は、「刑法犯の認知件数が戦後最悪を更新し続け、内容的にも凶悪犯罪、街頭犯罪、侵入犯罪が増加するなど、治安情勢は憂慮すべき状況」という認識を掲げ、「犯罪増加」と「検挙率低下」のもとでの「体感治安の低下」（不安感の拡大）が進んでいると主張します。このところ警察が強調する「犯罪増加（正確には認知件数の増加）」には厳密な検証が必要ですが、そのことはおいても、なぜ「犯罪増加」に対して「自治体・民間ぐるみの防犯」なのでしょうか。

報告書では、「都全体で取り組む視点に欠けていて総合的な施策がとられてきたわけではなかったこと」「都民に防犯意識が希薄で警察まかせの風潮があること」「行政も犯罪の問題は警察の問題として行政機関相互で十分な連携が図られてこなかったこと」などが「犯罪増加」の原因とされ、ここから「自治体と住民ぐるみの防犯」という「生活安全条例」の論理がダイレクトに導かれます。報告書は、警察は努力してきたが地方自治体や住民の非協力によって犯罪が増えているのだから、地方自治体などが警察とともに防犯活動を行う責務があると言っており、これが「生活安全条例」に共通する考え方です。

ここにはとんでもない責任転嫁があることを、はっきりさせておく必要があります。日本の警察はこれまで警備公安警察*を最優先にし、犯罪捜査にあたるべき刑事警察を軽視してきました。犯罪の捜査でも長時間の取調べで自白を迫る手法が重視され、科学的な手法が軽視されてきました。さらに、構造的な権威主義や秘密主義が横行し、「治安のために不祥事は隠すべし」とすら主張されてきました。「犯罪増加」や「検挙率低下」、「体感治安の悪化」には、こうした警察の体質が介在しているのです。

検挙率が低下して不安が拡大しているというのなら、まず行うべきことは刑事警察の力量を強化して犯罪対策を進めるとともに、権威主義・秘密主義の体質を改革して住民から信頼される警察をうみだす以外に道はありません。そのこと抜きに、地方自治体や住民に責任を押しつけるのは、責任転嫁以外のなにものでもありません。

◎自治体の本来の使命――まちづくりによる原因の除去

＊警備公安警察　国家的な安全や治安の維持を目的にして行われる警察の活動を警備公安警察と総称し、犯罪捜査にあたる刑事警察、交通規制にあたる交通警察などと区別する。政治運動や労働運動などの情報収集・監視を日常的に行っており、政治的な色彩が極めて強い。公安部や警備部に所属していない一般の警察官も政治的情報収集の任務が課されており、警察全体が「警備公安中心の政治警察」の性格を帯びている。「生活安全条例」に対応する生活安全警察は、警備公安警察と密接につながる隣接領域である。

前に掲げた東京の懇談会報告書では、「犯罪増加」の原因には、都市化・高層化による地域社会の一体化の喪失、地域や家庭の教育力の低下、国際化による外国人の増加、インターネットの普及などによる犯罪情報等へのアクセスの容易化、長期不況による失業者増加や雇用不安の拡大といった社会的変化があるとされています。経済のグローバル化の進行のもとで国際化・都市化・高層化・情報化などが急激に進んでおり、長期不況とあいまってさまざまな矛盾や亀裂が深まり、構造的なフラストレーションが社会に渦巻いていることはまぎれもない事実です。

こうした矛盾や亀裂が「犯罪増加」の原因になっていると考えるなら、地方自治体や地域社会が行うべきことは、こうした原因をできる限り取り除くよう努力することです。やみくもな都市化・高層化に歯止めをかけること、住民が理解しあえる地域コミュニティを生み出すこと、教育を充実させること、地域経済を再生させて雇用不安を縮小することなど、やるべきことはたくさんあります。住民が監視しあい、異端者を排除する地域社会をつくるのではなく、多様な住民が共生できる地域社会をつくることが、「地域における行政を自主的かつ総合的に実施する役割を広く担う」べき地方自治体の使命なのです。

（田中）

生活安全条例ワンポイント知識⑤

便利に使われる「規範意識」

2000年の少年法改正の時，立法提案者の一人は，さかんにいまの子どもは規範意識に欠けている，突然キレて何をするかわからないとして子どもへの不安視を助長しましたが，その本人が国会本会議場でキレてしまい，他の議員に向かってコップの水をぶっかけてしまいました。また，刑罰によって子どもも責任を取る，それは規範教育の一つだとしました。その議員は，秘書給与を暴力団関係者から得ていることが明らかになりましたが，「マゲを切る」責任の取り方をしただけでした。

「規範意識」という言葉は，あちこちで，子どもに欠けている，子どものために必要だ，と叫ばれていますが，便利に使われていることがうかがえます。

規範は，「判断評価または行為などの拠るべき基準」。意識とは，「今していることが自分でわかっている状態」とともに，「わたしたちの知識や感情，意思のあらゆる人間の営みを含み，それらの根底にあるもの」（広辞苑）ともいいます。であれば，ひとり子どもの問題ではなく，わたしたちの暮らす社会のあり方を考えなければならないのではないでしょうか。

（佐々木）

Q 6 防犯パトロールは心強い取り組みではないですか？

◎全国にひろがる防犯パトロール

ここ数年の間に、マスメディアなどでも盛んに（肯定的に）報道されているように、全国で、さまざまなスタイルの防犯パトロールが行われるようになっています。全国各地で行われている愛犬家による「わんわんパトロール」（コラム「『わんわんパトロール』『民間交番』と自警団の氾濫」参照〔本書三七頁〕）、警察のパトカーに似た車や制服でパトロールをする栃木県壬《み》生《ぶ》町《まち》のＮＰＯ法人「栃木自警」、警察や防犯協会と密接な連携関係にあるＮＰＯ法人「日本ガーディアン・エンジェルス」による各地の繁華街等でのパトロール活動や落書き消し活動などが知られています。

このような各地の防犯パトロールは、必ずしも「生活安全条例」に基づく施策として行われているわけではありません。しかし、住民等による地域での防犯活動であり、多くは何らかの形で警察署や防犯協会と連携して行われているので、基本的には、「生活安全条例」と同じ発想に基づくものです。

二〇〇二年一二月に「八王子市生活の安全・安心に関する条例」を制定した八王子市では、二〇〇三年八月に、八王子警察署管内の約九万八五〇〇世帯を網羅する八王子防犯協会が「防

ＮＰＯ法人「日本ガーディアン・エンジェルズ」のメンバーと話し合う東京都の石原慎太郎知事。（写真共同通信提供）

犯パトロール隊」を結成し、町会ごとにきめか細かな啓発活動を開始しています（毎日新聞二〇〇三年八月一七日付）。このように町会などの地域の団体も加わった大掛かりな防犯パトロールへの住民の動員も全国にひろがりつつあります。

◎防犯パトロールの効果

これらの防犯パトロールは、善意で取り組まれているものでしょうし、参加することに生きがいを感じる人もいるでしょうし、住民に一定の安心感を与えるかもしれません。しかし、その効果は、それ以上でもそれ以下でもないのです。

第一に、防犯パトロールは、殺人などの結果達成を至上目的とする自暴自棄的な凶悪犯罪にはまったく対応できません。

第二に、最近増加傾向にあるひったくりや空き巣などの財産犯は、深刻化する経済的な生活苦を反映したものであり、対症療法的な防犯パトロールで予防することのできるものではありません。

このように、防犯パトロールは、例外的に犯罪の予防につながるケースも出てくるでしょうが、基本的には、犯罪の予防に効果があるとは考えにくいのです。

何よりも、警察が、住民からの通報や告訴などをしっかりと調査し、犯罪捜査をしっかりとやることが大事なのであり、それを住民に責任転嫁することは許されません。

◎防犯パトロールの弊害

その一方で、防犯パトロールには二つの大きな弊害があると考えられます。

第一に、防犯パトロールが監視するのは、現に犯罪を行い、あるいは行い終わった犯罪者ではなく、「不審者」です。武蔵野市生活安全条例に基づいて結成された「市内安全パトロール隊」(通称ホワイト・イーグル)について報じた二〇〇二年七月一日の「市報むさしの」には、次のように書かれています。「不信な行動をとる人を厳しい目で見つけ出し、すばやく警察に通報します」。

警察官職務執行法二条の要件のもとに警察官が行う職務質問は、「異常な挙動その他周囲の事情から合理的に判断して何らかの犯罪を犯し、若しくは犯そうとしていると疑うに足りる相当な理由がある者」「既に行われた犯罪について、もしくは犯罪が行われようとしていることについて知っていると認められる者」(二条一項)等に対してなされるものです。犯罪捜査の訓練を受けた警察官が行う職務質問でさえ、それを行うのには「犯罪」との関連性が法によって要求されているのです。にもかかわらず、犯罪とはまったく関係がないのに職務質問を受けたという人も少なからずいるでしょう。防犯パトロールの場合は、「不審者」という以外にまったく監視する対象が限定されていません。防犯パトロールを行う素人の主観的な判断で「不審者」かどうかが決められてしまいかねません。生活時間が多くの人とは異なるさまざまな職業についている人、失業者や野宿者など厳しい生活を強いられている人、精神病者や知的障害者や在日外国人など社会的に厳しい差別の対象とされている人など、多くの人とは、異なる生活リズムやスタイルの人々の挙動が、「不審者」とみなされる危険は大いにあります。また政治活動や宗教の布教活動などで、地域を訪問する人なども「不審者」にされてしまうかもしれません。こうなると「防犯パトロール」は、地域社会からの「他者」「異者」の排除にしかつながりません。さらに「他者」「異者」と関わりあうのではなく、彼／彼女らを監視と排除の対象としてしまう「防犯パトロール」は、すべての住民が「不審者」扱いされないように人と違ったことはしないようにするという強烈な同質化圧力を地域社会に生み出す結果になりかねません。

第二に、立憲主義社会では、個人は、自らの自由を侵害されないように公権力（とくに実力を備えた警察権力や軍隊）の行動を監視する立場にあります。ところが、「生活安全条例」に基づいて行われる防犯パトロールは、警察署やその関連団体である防犯協会の助言や指導のもとに行われます。ここでは、公権力と個人との緊張関係という立憲主義社会の原則が軽視されているのです。また公権力＋善良な住民ｖｓ「アウトロー」「不審者」という関係が前提にされています。この意味でも立憲主義社会の原則が崩れ、「友」と「敵」という関係に個人が分断されてしまうのです。

（石埼）

生活安全条例ワンポイント知識⑥

「わんわんパトロール」「民間交番」で自警団の氾濫

「地域安全活動」の実践として，各地で展開されているのが住民などによるパトロール活動です。例えば東京都世田谷区では，全国に先駆けて警察の関与の下，愛犬家が犬の散歩時に防犯パトロールを行う「わんわんパトロール」や，女子学生が通学時に防犯パトロールを行う「りんりんパトロール」が結成されています。さらにそれ以前には，地元商店会の人たちなどにより京王線明大前駅前に「交番」まで作っています（「民間交番」）。

また，警察は民間企業や各種団体などと地域でネットワーク作りを進めており，警備会社・タクシー会社・新聞販売店・郵便局・宅配業者・消防団・コンビニなどが日常的に警察と情報交換を行い，業務中に「不審者」を見かけたときには警察に通報するシステムを構築してきています。要するに「第二のパトカー」「第二の交番」作りといえるものです。

これらの活動に参加する人々の善意の気持ちもわからないでもないのですが，何か問題があれば自主的に通報すればいいだけの話です。しかし，警察主導の組織化により，確実に「警察の目」が増え，自警団の氾濫で相互不信社会になるのも不気味です。

（清水）

Q7 「防犯カメラ」はあったほうが「安心」ではありませんか?

◎なぜ、「防犯カメラ」なのでしょう?

「生活安全条例」の中には、「防犯カメラ、警報装置等の設備内容又は防犯体制の整備」(安全で快適な千代田区の生活環境の整備に関する条例七条二項)、「防犯カメラ等安全な環境の確保に効果的な設備」(豊島区生活安全条例七条)のように「防犯カメラ」の設置を明確に規定したもの、「警報装置の設置その他の防犯対策」(松戸市安全で快適なまちづくり条例七条)、「犯罪の防止に配慮した設備、構造等」(東京都安全・安心まちづくり条例一四条~一七条。群馬県犯罪防止推進条例一四条、一五条、一七条~一九条)など、間接的にその設置を勧めているものが少なくありません。さらに、商店会などの「自主的措置」として、街頭に「防犯カメラ」が設置されたケースは、きわめて多数にのぼります。

このように、「防犯カメラ」の設置が奨励されあるいは現実に設置されているのは、それが最少の費用で犯罪の防止・検挙に有効である、という認識に基づいています。さらにその背後には、「防犯カメラ」が存在すれば犯行の利益と検挙のリスクを合理的に判断して犯行を思いとどまるだろう、という抑止効果が期待されているように思われます(前田雅英「犯罪統計から見た新宿の防犯カメラの有効性」ジュリスト一二五一号〔二〇〇三年〕、同「防犯カメラの

サンシャイン60通り(東京・池袋)にある防犯カメラ

役割と設置の要件」『河上和雄先生古稀祝賀論文集』〔青林書院、二〇〇三年〕参照）。

◎「防犯カメラ」は本当に有効でしょうか？

しかし、「防犯カメラ」の防犯効果は、明確ではありません。設置推進論に立つ前田雅英氏[*1]によれば、「防犯カメラは、その地区の凶悪犯と侵入窃盗の抑止には非常に大きな効果を有し、非侵入窃盗にも一定の効果を有するが、粗暴犯にはあまり効果がない」（前田・前掲河上古稀記念論文集五一〇頁）とされています。だが、単に統計数字の増減を比較したにとどまる上、「凶悪犯」「粗暴犯」の中身やカメラ導入と犯罪抑止の因果関係などが具体的に示されていないなど、分析手法にまず問題が存在しています。しかも、「一定の効果を有する」とされたはずの非侵入窃盗（置き引き、ひったくりなど）については「路上のカメラの導入によって著しく減少したとまでは言えない」（前田・前掲ジュリスト一六二二頁）ともされていますから、カメラの防犯効果が決定的だという結論がはっきり導かれたわけではありません。

また、仮に防犯効果があるとしても、それはカメラ設置地域だけのことです。むしろ、設置されていない地域に犯罪の発生を移行させるだけになるでしょう。そうすると、そのような地域ではカメラ設置要求が高まるでしょうが、もし設置されれば、ふたたび別の地域への犯罪の移行が生じ、「犯罪増加→カメラ設置→他の地区での犯罪増加」といういたちごっこがくりかえされるのみです（これを「犯罪の転移」といいます）。

結局、カメラの設置は、問題の根本的な解決ではないことになります。「自分たちの地域だ

*1 **前田雅英**　一九四九年東京都生まれ。東大卒。東大助手を経て東京都立大教授（刑法専攻）。法制審議会（少年法）部会委員、東京都治安対策専門家会議委員などを勤め、「安心・安全まちづくり」の動きを積極的に進めている。主著に『刑法総論講義』など。

けが安全ならばよい」という地域エゴイズムを強める可能性さえ生みだすことになるでしょう。

◎撮影・録画は許されるのでしょうか？

さらに問題なのは、「防犯カメラ」の設置が憲法・法律上許されるのか、許されるならばどのような要件が必要かがほとんど議論されないまま、何となく役に立つという感覚で野放図に導入されていることです。

そもそも、公権力が人の容姿を撮影・録画する行為は、相手が同意しているとかプライバシー侵害がきわめて小さい場合を除き、人の肖像権・プライバシー（憲法一三条）を侵害する「強制処分」と呼ばれる手法であり、裁判官の令状に基づき（憲法三三、三五条）、その要件や手続を法律で定めることが原則と考えられます（強制処分法定主義。憲法三一条、刑事訴訟法一九七条一項但書き）。実際、犯罪捜査における写真撮影については、裁判官の発する令状[*2]によることを予定した規定があります（刑事訴訟法二一八条一・二項）。また、そのような原則からすれば、撮影・録画した記録媒体の保管・廃棄、目的外利用の禁止などについても法規定を置くことが本来のあり方といえます。

ところで、判例の中には、その場所で犯罪が発生する「相当高度の蓋然性」があるような場所においては、社会的に妥当な方法であれば警察が監視カメラを設置して撮影することも許されるとしたものがあります（東京高等裁判所一九八八年四月一日判決、大阪地方裁判所一九九四年四月二七日判決など）。ただ、いずれの場合も、その場所では暴力行為や交通妨害が毎日

＊2裁判官の発する令状

逮捕・捜索・検証などは人の権利を侵害・制限して捜査の目的を達成するものであるため、それが乱用されないよう、事前に裁判官がチェックすることが求められています（憲法三三条・三五条）。これを受けて刑事訴訟法二一八条は、「検察官、検察事務官又は司法警察職員は、犯罪の捜査をするについて必要があるときは、裁判官の発する令状により、差押、捜索又は検証をすることができる。この場合において身体の検査は、身体検査令状によらなければならない」（一項）としています。

もっともすぐ後に続けて「身体の拘束を受けている被疑者の指紋若しくは足型を採取し、身長若しくは体重を測定し、又は写真を撮影するには、被疑者を裸にしない限り、前項の令状によることを要しない」（二項）ともされています。ここから、逮捕・勾留された

のように発生していたなどの特殊事情があり、かつその状況下でプライバシー侵害がごく少ないために許されるというのです。
もっとも、最高裁判所は、犯罪捜査で写真撮影が許されるのは「現に犯罪が行なわれもしくは行なわれたのち間がないと認められる場合であつて、しかも証拠保全の必要性および緊急性があり、かつその撮影が一般的に許容される限度をこえない相当な方法をもつて行なわれるとき」と述べています（最高裁判所一九六九年一二月二四日大法廷判決、最高裁判所一九八六年二月一四日第二小法廷判決）。犯罪捜査目的でも、現行犯で証拠保全の必要性・緊急性があり、相当な方法でなければならないのです。しかも、現行犯逮捕の現場では裁判官の令状がなくとも検証を行ないうるので（憲法三五条一項、刑事訴訟法二二〇条一項二号）、法律上も検証に付随する撮影・録画が可能なのです。
撮影・録画によるプライバシー侵害が正当化されるには、これほど厳しい条件が必要なのであり、明確な効果も法的根拠もプライバシー保護策もないまま、漠然とした「安心」感のためカメラの設置だけが進められるのは、どうみても正常な姿とは思われません。なお、これまで私人が防犯目的で独自にカメラを設置することは当然許されると考えられてきましたが、「生活安全条例」でその設置が奨励され警察が協力しているような場合、公権力によるカメラの設置・撮影に準ずるものと考えられるでしょう。

（新屋）

被疑者の顔写真は令状なしに撮影できるが、それ以外の場合の写真撮影は原則として裁判官の発する令状が必要である、ということになるのです。

生活安全条例ワンポイント知識⑦

監視カメラはプライバシー権と肖像権の侵害

憲法のどこを見ても「プライバシー権」と「肖像権」という言葉はありません。しかし，よく両者が憲法上保障されているといわれていることはどういうことなのでしょうか。

憲法制定後の社会の移り変わりの中で，憲法には書いていない新たな権利侵害の可能性が出てきました。そのような場合に，その権利侵害を容認するのではなく，憲法13条の「個人の尊重」と「生命，自由及び幸福追求に対する国民の権利」（幸福追求権）の中に，いわゆる「新しい権利」の存在を裁判所が認めれば，その権利は憲法上保障されたことになります。

実際に，プライバシー権は小説のモデルとされた人が起こした「宴のあと」事件の判決の中で「私生活をみだりに公開されない権利」として，肖像権は警察によるデモ学生の写真撮影が問題となった京都府学連事件の判決の中で「承諾なしに，みだりにその容ぼう・姿態を撮影されない自由」として確立されたものです。

したがって，承諾もなく無制限に監視カメラにより人々を撮影することは，改憲によりこれらの権利を明示するまでもなく，現行憲法の下でもプライバシー権や肖像権侵害になりかねません。

（清水）

Q 8 喫煙や糞の放置なども取締ったほうがいいのではないですか?

◎何が問題か、あらためて考える

取り締まれというのは、「迷惑な行為」だからと思います。煙がイヤでも避けようのない場合もありますし、喫煙歩行など危ないときもあります。できたら、喫煙は他人に迷惑・危険です、とスピーカーででも大声で注意したくなる気持ちはよくわかります。喫煙者のすう権利は認めても、他人のところで煙をはく権利などないという気持ちにさえなりますね。また、道徳もルールも罰則というムチで教え込むのだ、という本音を持った人もいるのかもしれません。

たとえば喫煙で問題なのは、いったいどんな点なのでしょう。「生活安全条例」で念頭に置かれているのは、喫煙自体への取締りというより、喫煙歩行やポイ捨ての迷惑行為への規制と思われます。ただ、法的規制をしようとすれば、ポイ捨てにしても、徹底するには罰則をつけたくなりますし、だれが摘発をするかも課題になります。警察官だけでは人手がたりないので、指導・摘発隊でも創設しますか。摘発を逃れる人間が出てきたら効果がなく不公平になるというので、監視カメラによる終日監視が議論に上るかもしれません。

取締りの状況を少し考えてみておわかりのように、喫煙の規制といってもどこで、どういう状態で、誰が、どう取り締まるのかかなり難しい問題がありそうなことがわかります。

眉をひそめる迷惑なことというと、煙草に限らず、ペットの散歩のさせ方、中高生のどこでもベタ座り、電車内の大股開きにヘッドホンから漏れるシャカシャカ大音量、考えたら現代では迷惑なものがたくさん出てきそうです。このような行為をすべて規制ありきで、法的な強制力を行使して一掃してしまいますか。

なお、一方で、公的空間での喫煙の規制については、日本はこれから議論が拡がっていくことになると思われます。

◎実情を知ることから

喫煙に関わって、いま喫煙者はどのくらいいるのか、どのようにして喫煙が規制されているのか、実際迷惑してる人はどうしてるのか。そうしたことを知らずに、迷惑だから取り締まってしまえというのも少し乱暴ではありませんか。まず知って、それから少し考えてみてもよさそうです。

成人で煙草を吸う人の割合は意外に知られていません。喫煙者は一九九六年以降減少の一途で、いまや二九％になっています（日本たばこ産業調査〔二〇〇四年一〇月〕）。さらに、近年では喫煙を原因とする疾病が明らかにされるにともなって、煙草を製造販売する企業の社会的責任も厳しく問われ始めています。喫煙による健康被害は、受動喫煙による有害性も明らかにされ、その防止のためとして健康増進法*も施行されています。喫煙による影響を社会的コストの観点から調査することも行われています。喫煙被害は、喫煙者の自己決定・自己責任論だけ

＊**健康増進法**　受動喫煙の被害を防止する努力義務を定め、二〇〇三年五月に施行した法律。二〇〇〇年に厚生省（現厚生労働省）が提唱した中長期的な国民健康づくりの「健康日本21」運動の具体策の一つ。

で解決できる状況では、もはやなくなっています。職場での喫煙についても、訴訟を通じて分煙化の流れを導き係争中のものもあります。

いまや、交通機関でも長距離列車の一部を除いて禁煙が原則になりつつあり、駅構内でも一定区域を除いて禁煙区画が拡がってきています。一九八〇年には新幹線一六編成中一車両しかなかった禁煙車が、二〇〇三年には一一両にも拡がってきています。

こうしたことからすれば、迷惑だから「取り締まれ」というには、喫煙人口の減少や喫煙環境の厳しさの増加からすると、適切な手段なのか疑問がわいてきます。一部の迷惑者への見せしめを！　ということもあるでしょうが、そのためにかけるコストや効果の点から合理性に欠けることになります。

◎現実の変化を感じ取りにくくなっている…ちょっと想像力を

「実情を知ってから、すこし考えてみてもいいか…」というのは、実はとても大事なことです。なぜなら、「取り締まってしまえっ！」というストレートにわき上がる感情が制度化されていくと、その要求が充足されることによって、あとは自分にあまり関係ないこともあって、そのまま目を向けることがなくなってしまうからです。「取締り」は短期的には効果を上げるかも知れませんが、規制のされ方、誰がどんなふうにして取り締まるのか、規制によって暮らしにどんな変化が起きるのか、等だれも具体的な運用や変化に関心を向けなくなってしまいます。「規制」というのは、今後の暮らしや日本社会のあり方ととても密接です。

また、「迷惑なこと」に対して、人々の協力や知恵を出し合う機会を失っていきかねません。たとえば、社会生活上の迷惑な行為について、「取締り論」とは別に、基本的な教育の機会についても議論が必要なはずです。喫煙についても、子どもやおとなも含めた健康教育、社会教育など多様な観点からの、早期の教育が必要だと思いますが、現在でも取り組みは十分とは言えません。自分や他者の尊重についての権利教育にもつながります。禁煙、分煙の拡がりの現実の中で、今後は、公的空間での喫煙のあり方が注目されるでしょう。その時、議論の仕方が試されることになります。

規制が社会的に信頼と納得の機会のないまま、「道徳」「正しいこと」は取締りという形で強制的に教え込むのだという姿勢は、一方で社会の多様な思考や精神を否定してしまいかねません。また、一人の地域市民として考え、関わる機会を失うことにもつながります。直截に規制というのではなく、実情を知ること、多くの知恵の共有のために、他の地域での取り組みなどの情報共有に行政やNPO、市民運動団体等も関わる機会があってもいいと思います。多様な社会的関係について、調整的な機能を豊富にもった社会は、ひとり一人の人間が暮らしやすい気がします。

「生活安全条例」は、さまざまな名称が冠せられていますが、地域の権力的組織化（地域組織の階層化）の動きの中で、地域住民が十分に考え、実情を知る機会のないまま、何がどう変わっていくのか知らされないまま、広まっています。地域生活でのわたしたち市民の具体的なニーズをくんでいるものでしょうか。立ち止まって考える機会を持ちませんか。

（佐々木）

生活安全条例ワンポイント知識⑧

「生活安全条例」と連動する迷惑防止条例

都道府県などで制定されている迷惑防止条例では，些細な行為が禁止されて多くの「微罪」がつくられています。「不安」や「不快」を規制しようとする「生活安全条例」が広がるとともに，この迷惑防止条例でも「新しい犯罪」がどんどん生み出されています。

① 祭礼・興行等の催物に際して，多数が集まっている公共の場所で，みだりにわめいたりして混乱を誘発する言動をしてはならない。違反は5万円以下の罰金。

② 公共の場所で刃物など人に危害を加える道具として使用できるものを振り回すなど，不安・迷惑を覚えさせる行為をしてはならない。違反は50万円以下の罰金。

いずれも2004年6月の千葉県迷惑防止条例「改正」で生まれた犯罪，これでは「祭りで騒いだら犯罪」「駅で傘を振りまわしても犯罪」ということになりかねません。

2002年6月には，東京都で近隣・雇用・契約等のトラブルに起因する「面会要求」などを犯罪にする「改正」案が提案されました（このときは全会一致で廃案)。「生活安全条例」と連動して拡大されつつある迷惑防止条例の動きにも，警戒と批判が必要です。

（田中）

Q9 地域社会のトラブルも警察が解決してくれたほうがいいのではないですか？

◎なぜ「警察頼み」なのでしょうか。

「地域社会のトラブル」の中には、桶川ストーカー殺人事件（一九九九年一〇月）、宇都宮隣人殺傷事件[*1]（二〇〇二年七月）、加古川七人殺傷事件[*2]（二〇〇四年八月）などのように、被害者が警察に相談・通報していたにもかかわらず、対応が適切でなかったため、後に重大事件に発展したものもみられます。市民が生命・身体に対する切実な危険を感じる場合、警察が介入するのは正しいことですし、むしろ義務でさえあります（警察法二条一項、警察官職務執行法五条）。しかし、そのような可能性のないトラブルまでも警察を解決の手段とすることは、正しいこととは思われません。

では、なぜ「地域のトラブル」も警察が頼みにされるのでしょうか。

ひとつには、地域社会が身近なトラブルの解決能力を失った上、他の行政機関と異なり警察が二四時間体制だからでしょう（警察庁『平成一四年版警察白書』六九頁参照）。この他にもまず、私たちの感覚として「警察は過ちを犯さない」という「無謬神話」がしばしば存在しています。警察自身、このような「無謬神話」の信奉者といえるでしょう。また、警棒や拳銃を持つことを許されていることに象徴されるように、警察は、職務執行にあたり強制力や実力を

＊1宇都宮隣人殺傷事件　二〇〇二年七月、宇都宮市で、男が約二〇年にわたるトラブルの相手方である隣家の主婦とその義妹を猟銃で殺傷し、自殺した事件。被害者と男は以前から折り合いが悪く、互いにトラブルを県警に訴えており、遺族側は「県警が適切な対処をすれば事件は防げた」としています。またこの事件では、警察がトラブルの存在を知りつつ、凶器となった猟銃の所持を事件直前に男に認めたことも問題となりました。なお、栃木県ではこれに先立つ一九九九年、被害者家族の通報を無視した結果、被害者が集団リンチにより殺害されるという事件も起きています。

＊2加古川七人殺傷事件　二〇〇四年八月、加古川市で、逆恨みから男が近隣の民家二件を襲い、合計七名を殺傷した事件。この事件では、以前に男の自宅近くの住民が相談の上、町内会

行使することも認められています。もちろん、地域の単純なトラブルの解決に強制力や実力が用いられることはありませんが、そのような力をバックに持つがゆえに、そして誤りを犯さない存在であるがゆえに、警察は頼りになる存在だと考えられるのでしょう。こうしたことが、さまざまなトラブルの解決を警察に求める理由と思われます。

しかし、このような安易な警察頼みは、さまざまな問題を含んでいます。

◎警察頼みにはどんな問題があるのでしょう？

第一に、警察の職責は何よりも犯罪の予防・鎮圧・捜査とそれらによる社会秩序の維持であり（警察法二条一項参照）、そのために強制力や実力を用いることを許されているのです。したがって、それらと無関係なトラブルの解決を期待することが、そもそも筋違いでしょう。この点をおくとしても、市民同士のトラブルはできる限り市民同士で解決することが望ましいものですし、多くの場合、それは可能なものです。ところがそのようなトラブルを警察頼みにすることは、いわば強い者をあてにした「虎の威を借りる狐」であり、かえって真の解決を妨げることにもなります。そして、警察も過ちを犯す――むしろ警察であるがゆえの過ちを犯す――存在であることは、先に挙げた事件、松本サリン事件[*3]をはじめ多くの冤罪《えんざい》事件の示すとおりです。

第二に、地域社会の問題解決機能が崩壊しているから警察を頼りにする必要があるということも、一面的でしょう。確かにそのような面は見受けられますが、本当に困った事態になれば

長が交番にパトロールを増やすよう要請したり、警察がパトカーの巡回を強化したりしていました。一方、住民の中には以前、包丁を持った容疑者に家の中に押し入られたことを警察に相談したが、「現行犯でないとだめだ」と言われた者もいるということです。

＊3松本サリン事件　一九九四年六月、松本市でオウム真理教（当時）信者が、当時係争中であった自らを被告とする民事訴訟を妨害する目的で毒物のサリンを裁判官宿舎周辺で散布し、周辺住民七名を死亡させ、多数に中毒を発症させた事件。警察は当初、散布現場の近くに居住していた会社員に嫌疑をかけ、執拗な取調べを行ないましたが、後にオウム真理教信者による犯行であることが判明し、男性に謝罪しました。

地域が独自に問題を解決しようとする現実もまた少なくありません。さらに、地域社会の崩壊にしても、コミュニティー・センターが存在しないとか過重労働で地域社会への参加の時間が取れないといった問題――すなわち地域社会をいかに再生させるかという問題――をそのままにして、地域社会で問題が解決できない、だから警察だ、というのは、あまりに短絡的な発想というべきです。

第三に、警察が社会の隅々まで介入することは現場の警察官に著しい負担をかけ、かえって警察が介入すべき事件に対する手抜きを生む危険があります。実際、現場の警察官の圧倒的多数は、他の行政機関が対応すべき事案が警察に寄せられていると考えています（前掲『平成一四年版警察白書』六九頁）。警察庁も、警察安全相談が「増加している理由としては、警察が相談受理体制を強化し相談窓口の利用に関する広報を積極的に展開していることのほか、地域社会や家庭で本来解決されるべき問題が警察に持ち込まれる傾向が強まっていることも挙げられる」（同書六七頁）と分析しています。先に挙げた事件で警察が適切な対応をしなかったのも、事件の筋の読み違えだけではなく、著しい負担増に伴う現場の機能不全も背景にあったと思われます。

◎真に望まれること

そうであれば、警察でなければできないことと他の行政機関でもできることをきちんとわけ、有効な問題解決体制と能力を他の行政機関、さらにそのサポートを通じて地域社会に付与する

図1　他の行政機関のしわ寄せが警察に来ていると思うことはあるか

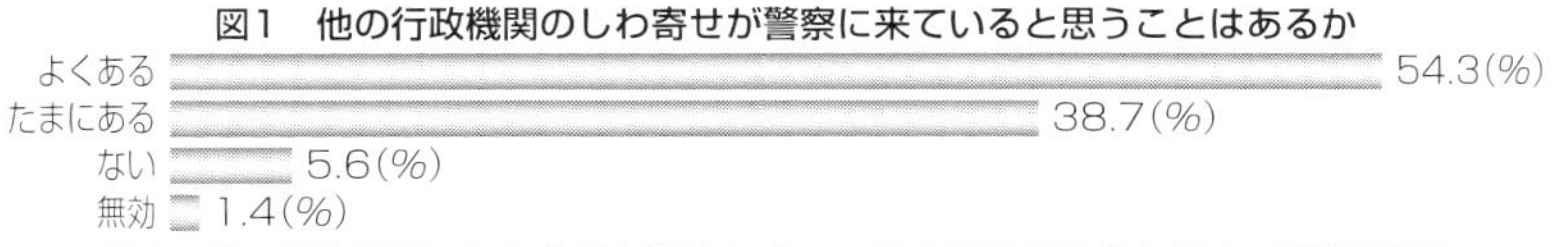

図2　他の行政機関のしわ寄せが警察に来ていると思う具体的な理由（複数回答）

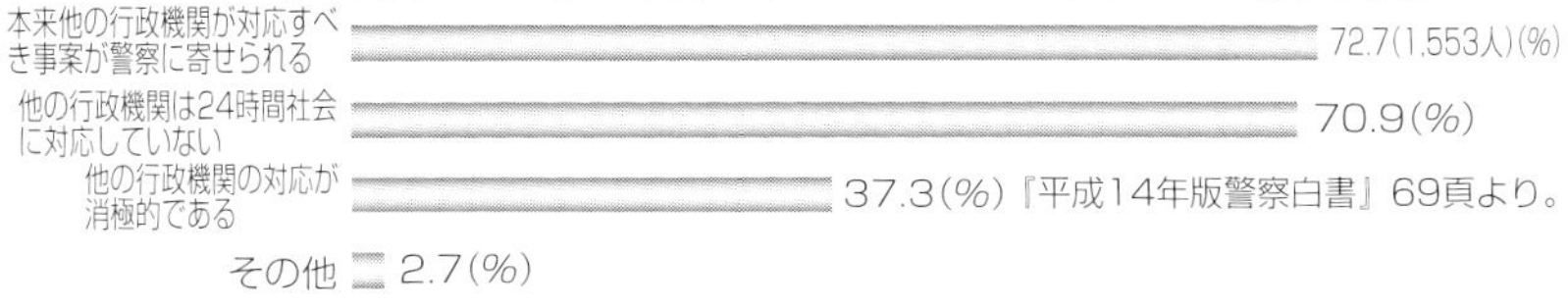

ことがまず課題でしょう。しかし、「小さな政府」[*4]路線の中で、社会生活上のトラブルに対処すべき民生・福祉部門は、人員・予算の削減、あるいは民営化される傾向があります。社会生活の基礎を学ぶ場であるはずの教育部門でも同様の傾向がある上、「競争原理」「起業家精神」など、むしろ社会への共同参画と相反する方針が強められています。このような点こそが改められるべきです。

「生活安全条例」は、警察が他の行政や地域社会に積極的に介入することが望ましいという考え方を前提とするものです。これでは、警察本来の職務である犯罪の捜査や具体的事件の予防に悪影響を及ぼすことになります。また、市民の立場から求められるべき真の「安全」が権力者の都合による「安全」にすりかえられる危険を孕むものであり（「生活安全条例」の思想が戦時法体制と密接な関係があることについては、第2部の田中論文を参照してください）、あるいは市民間の話し合いの場を破壊し、一方的な問題解決を強制するものでもあります。

こう考えると、「生活安全条例」は、かえってわたくしたちの生活の安全を脅かす存在とさえいえるでしょう。

（新屋）

＊4小さな政府　政府が行なっているさまざまな役割のうち、経済活動への介入や福祉・教育などへの関与をできるだけ縮小したり民営化したりするなどして、政府の規模や役割を小さくしようとする方向性のこと。これにより民間の自由な活動が活性化するとされ、現在の「規制緩和」「構造改革」「新自由主義」「グローバリゼーション」はこのような流れにあります。しかし、「小さな政府」といっても、警察や軍事の面は概して聖域とされ、むしろ肥大化する傾向があるのです。あるいは、行政による事前規制は縮小されても司法などによる事後的チェックのための組織は逆に大きくなりやすいことも指摘されています。また、規制緩和による経済活動の混乱、貧富の差の拡大、低所得者へのサービス低下などの問題も数多く見られます。

生活安全条例ワンポイント知識⑨

戦前の歴史は繰り返すか——民衆の警察化

1918年に勃発した「米騒動」をきっかけに，青年団，在郷軍人会および消防組を中心とする「自衛団」と警察の連携体制ができました。それは，民衆の運動に対抗するものでした。この連携体制は，地域の有力者を中心に，町内会も利用しつつ拡大され，警察後援会，警察協議会，保安組合といった組織が各地で作られていきました。そのねらいは，いわゆる「大正デモクラシー」期の民衆のさまざまな運動に対抗して，民衆を「秩序」にからめとり，警察の協力者にすることによって，デモクラシーを掘り崩そうとするものでした（民衆の警察化）。

この時期，警察は，各種の宣伝キャンペーンや人事相談所の開設などを通じて，自ら民衆への接近をはかり，警察に対する民衆の同意を調達することにも力をいれていました（警察の民衆化）。1923年に発生した関東大震災の際に，こうして警察化した民衆が，「自警団」を結成し，流言に基づいて朝鮮人を各地で虐殺することとなりました。

今，こうした歴史から学ぶべき教訓は，多いはずです。詳しくは，大日方純夫『警察の社会史』（岩波新書，1993年）を読んでください。

（石埼）

Q10 「生活安全協議会」は誰がメンバーになるのですか？

はじめに、生活安全協議会に関する条項を見てください。

「都は、区市町村及び都民等と協同して、安全・安心まちづくりを推進するための体制を整備するものとする。

2　警察署長は、その管轄区域において、区市町村及び都民等と協働して、安全・安心まちづくりを推進するための体制を整備するものとする」（東京都安全・安心まちづくり条例六条）。

「市に町田市生活安全協議会（以下「協議会」という。）を置く。

2　協議会は、市民等の生活安全に関する問題を把握し、生活安全に関する事項について協議する」（町田市生活安全条例七条）。

◎「生活安全協議会」とは

このように「生活安全条例」には、条例を実施するための協議会の設置の根拠となる条文があります。自治体により名称はさまざまですが、「生活安全条例」の実施のために自治体に設置される協議会を、ここでは「生活安全協議会」と呼びます。「生活安全協議会」は、自治体の首長を長とし、警察署、消防署、防犯協会、町内会・自治会、PTAなどの代表者が構成員となり、防犯パトロールの推進など、自治体の防犯活動に関するさまざまなことを協議し、推進します。杉並区や立川市のように、「生活安全協議会」について詳細に規定している「生活安全条例」もあります。

「生活安全協議会」は、首長や警察署などの公権力の担い手の意志や考えを地域の住民団体に伝え、住民に強い防犯意識を持たせ、防犯活動に参加させることを目的とする機関です。協議会の構成員は、基本的に首長が決めますので、町内会・自治会の代表者にでもならない限り、住民が参加し、意見を述べる場とはなりません。また町内会や自治会が、事実上、公権力の意志を住民に伝える端末になってしまいます。これでは、行政と住民との「協働」とは名ばかりで、地域社会の生活そのものに公権力が浸透し、監視することになってしまいます。人権の最大の侵害者は公権力であるから、個人や団体は公権力が暴走しないように警戒を怠ってはならない、という憲法の原則とは正反対の地域社会がつくられる危険があります。

◎東京都の場合

「東京都安全・安心まちづくり条例」にもとづく「安全・安心まちづくり協議会」を例にして、「生活安全協議会」の具体例を示しましょう。

東京都は、「東京都安全・安心まちづくり条例」を二〇〇三年七月九日に制定し、同年一〇月一日に施行しました。この条例の施行に先立つ八月一日には、竹花豊副知事（治安・防災担当）を本部長とする「東京都緊急治安対策本部」が知事本局に設置されました。なお竹花豊氏は、都道府県の副知事としては、はじめて警察官僚から登用された人物であり、警視庁地域部長、同生活安全部長や広島県警本部長を歴任した人物です。同本部のホームページ（http://www.chijihon.metro.tokyo.jp/chian/）には、「東京都安全・安心まちづくり協議会」の構成員（予定）が掲載されています。同協議会は、知事を会長とし、警視総監を会長代行として予定しています。また治安対策担当の副知事、特別区会長、東京都市長会、東京都町村会、東京防犯協会連合会及び東京都商工会議所連合会の各代表の委員を副会長として予定しています。

さらに同協議会は、教育庁や文部科学省など七つの行政機関の代表、東京都町会連合会、各種学校の校長会、各種のＰＴＡ団体、日本ガーディアン・エンジェルスなど二六の都民・地域団体の代表、及び鉄道関係・金融関係・住宅関係・セキュリティ・ビジネス関係・フランチャイズチェーン関係など二七の事業者団体の代表たる委員によって構成されるとされています。

この構成を見るだけでも、都知事、副知事、警視総監などの役職者の防犯に関する意志を、区市町村、地域団体、学校関係団体、事業者団体等を通じて、都民に伝え、従わせるという同協議会の目的は分かるはずです。

区市町村レベルでは、ここまで本格的なものとはなりませんが、だいたい同じような構成からなる「生活安全協議会」が、防犯意識の高揚キャンペーン、自主的な防犯活動の推進を行い、住民を防犯活動に動員するというのが、「生活安全条例」の仕組みなのです。

なお「東京都緊急治安対策本部」は、同協議会とは別個に、この間、安全・安心まちづくり

東京都議会で初答弁の竹花豊副知事（写真提供＝共同通信）

を推進してきた刑法学者の前田雅英氏（東京都立大教授、首都大学東京・都市教養学部学部長に就任予定）など七名の委員からなる「東京都治安対策専門家会議」も設置しました。この会議は、治安担当の副知事に提言を行うことを任務としているわけですから、専門家の提言を受けた副知事が、「安全・安心まちづくり協議会」で知識の面でも権威の面でも優位に立つことは間違いありません。

さらに「東京都緊急治安対策本部」は、「いいなぁ安心ボランティアネットワーク」を設け、自主的な防犯活動を行う団体の登録を始めています。そこには、すでに各種の防犯パトロール隊、町内会あるいはＮＰＯ法人などのほか、なんと草野球チームまでが登録をしているのです。

◎もう一度考えよう

犯罪を無くすために、このように住民を巻き込んでいくことが、本当に効果的なのか、デメリットはないのかといった議論もないままに、日常生活のあらゆる場面が、「防犯」「安全・安心」の一色に塗り替えられようとしています。今一度、公権力と一部の住民が一体となった「生活安全協議会」によって推進される「安全・安心まちづくり」を、「公権力こそが最大の人権の侵害者である」という憲法の基本的な考えに立ち戻って、考え直してみる必要があります。

（石埼）

生活安全条例ワンポイント知識⑩

ボランティア活動という名の「防犯活動」

各地で防犯パトロール等の活動が拡大しています。「生活安全条例」は，そうした活動への協力を住民の「責務」としています。これらは，「地域安全」のためのボランティア活動です。

そもそもボランティア活動は，「何かがしたい」という個人の欲求を前提とし，活動を通じて個人が何らかの達成感や「生きがい」を得るものだと考えられます。災害地での救援活動から街の清掃活動まで，さまざまな活動がボランティア活動として評価されています。

しかし，その基本は，「自己満足」であることをボランティア活動に従事する人は忘れるべきではないでしょう。ボランティア活動は，あくまで個人が，自発的に，自己の満足のために行うものであり，公権力の誘導のもとに行われるべきものではないのです。

公権力が誘導するボランティア活動は，「奉公」活動となり，それに参加する個人が，自らと公権力を一体のものと感じてしまう危険があります。それこそが，「生活安全条例」が防犯活動に住民を動員するねらいです。

（石埼）

Q 11 ほかに憲法上どのような問題がありますか？

◎適正手続の保障と明確性の原則との関係で

憲法三一条は「何人も、法律の定める手続によらなければ、その生命若しくは自由を奪はれ、又はその他の刑罰を科せられない」としています。ここから、人の自由を奪ったり、罰したりするためには法律（条例を含む）による適正な手続が必要であるという適正手続の保障と、そのような法律や条例の規定は明確でなければならないという明確性の原則[*1]が導き出されます。

そうすると、罰則規定がある「生活安全条例」で、条例が適用される「住民等」の中に「通過者」（すなわち、在住・在勤・在学以外の仕事や旅行などで条例を有する自治体内に入った人）を含めている場合、その「通過者」に事前にここでは何をしたらどのように罰せられるか（例えば、路上で煙草を吸ったら罰金など）を十分に知らせることはかなり難しいです。特に、この条例では、ある自治体では合法の行為が、ある自治体では違法となるような事例がたくさんあります。広報などが行き届いている（はず）の在住者などと比べて、「通過者」に罰則規定を適用する場合、事前の告知が徹底していなければ適正手続の観点から問題があるといえます。

また、罰則規定がある条例にもかかわらず、条例によっては具体的な列挙事項の後に「等」

＊1 **明確性の原則**　精神的自由を規制する立法は漠然とした不明確なものであってはならないという原則であり、また、精神的自由の規制立法に限らず、罪刑法定主義（いかなる行為が犯罪とされ、どのような刑罰を科せられるかをあらかじめ法律で定めておくべきであるとする考え）の観点から、不明確な刑罰法規は市民の行動を萎縮させるため、そのような刑罰法規は許されないとする原則。

などを用いることで定義規定があいまいであったり、「おそれ」という主観的な概念を用いている場合があります。そうすると、このような規定は市民が自分の行為が条例で罰せられるか否かを判断しづらくなったり(そのため、罰せられないよう行動に萎縮効果が生じます)、警察官の恣意的な判断により罰せられる可能性が出てきます。以上のような事態を引き起こす条例の規定の仕方は、明確性の原則にも反するといえるでしょう。

◎財産権と営業の自由との関係で

憲法二九条は財産権を保障し、憲法二二条は職業選択の自由を保障しています。そして、この憲法二二条を根拠に又は憲法二二条と二九条の両者を根拠に、憲法は営業の自由も保障しています。

最近では東京都条例[*2]を典型に、住宅の所有者や銀行・コンビニ等店舗の事業者に、「犯罪の防止に配慮した構造、設備等を有する」住居・店舗等の整備を努力義務にする条例が増えてきています。東京都の千代田区条例では、「共同住宅、大規模店舗その他不特定多数の者が利用する施設の所有者又はこれを建築しようとする者は、防犯カメラ、警報装置等の設備内容又は防犯体制の整備に努めなければならない」とし、この際、区は「関係行政機関」(ここには警察署が入ります)と「協議するよう指導するものとする」としています。さらに、「生活安全条例」ではありませんが、部分的に「生活安全条例」が意図する内容を盛り込んだ横須賀市の条例いわゆる「建築規制条例」では、開発者が防犯カメラの設置について警察署長と協議しない場

*2資料のページ参照。

合は罰せられるという構造にまでなっています。

マンションやコンビニ・銀行などに監視カメラを付けるか否か、コンビニなどで深夜複数店員を配置するか否かなど、防犯対策に努めることはそれぞれの所有者や事業者の判断で行うべき問題であり、お上からとやかくいわれる筋合いのものではありません。ましてや、監視カメラの設置は出費を伴うものなのに、警察と協議しないと罰せられるとなると、警察と関係の深いセキュリティ業界を儲けさせているようなものです。少なくとも、このような公権力の介入は、所有者・事業者などの財産権と営業の自由を侵害しかねません。

◎地方自治との関係で

憲法第八章は、明治憲法にはなかった地方自治を独立した章で保障し、憲法九四条では、「地方公共団体は、……法律の範囲内で条例を制定することができる」としています。

もちろん、ここでいう地方公共団体には都道府県と市町村の二つがあります。都道府県条例で「生活安全条例」を制定し、都道府県警・公安委員会主導で警察署単位などで防犯体制を構築した場合、そこには市町村も含まれます。そうすると、当該市町村に「生活安全条例」が制定されていなくても、都道府県主導で防犯体制に組み込まれることになります。ということは、都道府県が市町村の自治を無視しかねない状況が生じる可能性があります。

一方で、地方自治が保障され、自治体には条例制定権[*3]が保障されているからといって、どのような条例制定も可能だということではありません。この点で、これまで例えば公害規制条例

＊3条例制定権　日本国憲法九四条で初めて地方自治体に保障されたもので、当該住民により直接選挙で選ばれた議員から成る都道府県議会及び市町村議会で、当該自治体に適用される法令である条例を制定することができるという権限。地方自治法でも一四条で「普通地方公共団体［都道府県及び市町村］は、法令に違反しない限りにおいて……条例を制定することができる」としている。

で、同一事項について法律より厳しい規制を行う「上乗せ規制」や、法律より規制対象を広げる「横出し規制」ができるか否かが問題となってきました。これについては、住民が選出した議員による条例であることと、何よりも住民の権利・自由にかなった内容であれば、このような規制は認められるとされてきました。

しかし、何でも同様に考えるのは危険です。例えば、集会やデモ行進の規制を内容とする公安条例[*4]の場合、ことが市民の表現の自由にかかわるだけに慎重に考えなくてはなりません。「生活安全条例」にもこのことはいえるでしょう。例えば、軽犯罪法では、ごみを棄てたり、他人の工作物などを汚したり、人が大小便をした場合は一万円未満の科料となりますが、東京都の杉並区条例のように吸い殻などのポイ捨て、落書き、犬のふんの放置が五万円以下の罰金となるのは、「法律の範囲」を越えているでしょう。したがって、自治体が条例を制定できるといっても、このような憲法の枠を越える条例は問題があるといえます。

（清水）

＊4公安条例　戦後、日本で労働運動・社会主義運動が盛り上がるなか、集会やデモ行進などについて「公安」上の見地から規制を行うために、一九四八年以降制定されてきた条例の総称。東京都の「集会、集団行進及び集団示威運動に関する条例」など全国各地の自治体で様々な名称のものがある。しかし、集会やデモ行進は憲法二一条が保障する表現の自由に含まれるため、これまで公安条例の違憲性が法学者などにより指摘されてきた。

生活安全条例ワンポイント知識⑪

青少年条例は「生活安全条例」の「青少年版」

青少年健全育成条例（青少年条例）は，青少年（18歳未満）の健全育成のためにつくられている条例。「青少年犯罪」が問題にされるなかで，青少年条例にも「生活安全条例」の考え方が持ち込まれ，治安対策・犯罪予防の色彩が濃厚になってきています。

2004年３月の東京都青少年条例「改正」で挿入されたのは，青少年の深夜外出規制や広範な行為規制。保護者に午後11時以降青少年を外出させない責務を課し，16歳の青少年を保護者の同意なく連れ出したり，同伴したりした者は30万円以下の罰金。古物商が保護者の同意なく青少年から古物を買い取ることが禁止され，違反すると30万円以下の罰金。「古物」には図書が含まれますから，高校生が読んだ本を売るには親の同意を得なければならないことになります。

「犯罪に走るから深夜外出させない」「万引き図書の買取りが横行しているから自由に古書を売らせない」。これは「生活安全条例」と同じ論理です。

（田中）

Q12 条例制定を批判して問題は解決するのですか?

◎冷静な分析の必要性——犯罪の増加について

警察もマスメディアも、日本は治安が悪化しているといいます。犯罪が増加し、検挙率が低下しているというのです。だから「生活安全条例」が必要だといいますが、まず冷静にこの状況を分析する必要があります。

まず注意しなければならないのは、統計に出てくるのは犯罪認知件数のことだということです。つまり、実際に起きた犯罪の件数(犯罪実数)ではなく、警察が認知した件数のことです。犯罪認知件数が増えているのは事実として、残念ながら、犯罪実数の推移は誰にも正確にはわかりません。だから、本当に犯罪が増えいてるのかどうかは厳密には証明できないのです。実際に、警察の取り締まり姿勢や被害者の意識の変化に比較的影響を受けない殺人は、認知件数・検挙件数・検挙人員ともここ何年も大きな変動はありません。

その警察の取り締まり姿勢という点でいえば、二〇〇〇年以降、犯罪に対する警察の姿勢が大きく変わったということを見る必要があります。一九九九年以降各地で相次いだ一連の警察の不祥事や、同年に発生した桶川ストーカー殺人事件(一九頁)などに対する警察の不適切な対応に対する世論の反発を受けて、二〇〇〇年四月の警察庁刑事局長通達や同年八月の国家公[*1]

*1国家公安委員会　警察の政治的中立性を確保し、治安に対する内閣の行政責任の明確化のために、警察庁を管理している国民を代表する者によって構成される合議制の機関(国務大臣たる委員長と内閣総理大臣が両議員の同意を得て任命する五名の委員から構成されている)。毎週一回、定例会議を開催し、警察庁の管理に関する審議、決済を行い、警察庁からの報告を受け、指示等を行っている。各都道府県にもそれぞれ都道府県公安委員会がある。

安委員会・警察庁による「警察改革要綱」などで告訴・告発の受理・処理の適正化・取組強化が出されました。これらにより、従来、現場の警察官が事件として受理しないなど適正に対処しなかった軽微な犯罪にも対処するようになったのです。

　また、これに関連して、新たな犯罪類型を創設したということも影響を与えています。かつては、警察が取り締まりのできなかった行為を、法律や条例の制定により新たに犯罪にしたということです。「児童買春等処罰法」[*2]「ストーカー規制法」[*3]「DV防止法」[*4]などがそうですし、「生活安全条例」による罰則規定もこれに入ります。このような新たな犯罪類型の創設と適正な告訴の受理等は、犯罪認知件数を増やした一因といえます。

　さらに、被害者意識の変化も大きいです。ストーカー被害やDVもそうですが、自転車が盗まれたり痴漢にあった場合など、これまで被害にあっても我慢していた人たちが、権利意識の高まりにもよって声をあげはじめたことです。

◎冷静な分析の必要性〜検挙率の低下について

　一方で、先に述べたことの裏返しですが、これまで警察が受理しなかった軽微な犯罪に対処しはじめると、犯罪認知件数がどんどん増えるのに対して、警察官の人員がそれほど変わっていないので、どうしても検挙率は低下します。現場の警察官の仕事が忙しくなって、検挙者の余罪追及を丹念に行わなくなったことなどが典型的な例です。

　また、先にも触れた一連の警察の不祥事は、一方で市民の警察への不信感を高め、他方で現

＊2児童買春等処罰法
正式名称は「児童買春、児童ポルノに係る行為等の処罰及び児童の保護等に関する法律」といい、一九九九年に制定された。この法律は「児童の保護」という目的から、児童買春とその周旋・勧誘、児童ポルノの頒布・販売などを懲役・罰金刑の対象としている。しかし、児童ポルノ規制については、児童ポルノ概念の曖昧性が憲法二一条で保障された表現の自由に萎縮効果を与え、また本来法的規制になじむのかという問題が指摘されている。

＊3ストーカー規制法
正式名称は「ストーカー行為等の規制等に関する法律」といい、二〇〇〇年に制定された。この法律は、特定の者に対する恋愛感情その他の好意の感情又はそれが満たされなかったことに対する怨恨の感情を充足する目的で、その特定の者などに対して行う八つの行為を「つきまとい等」と規

場の警察官の士気の低下をもたらしました。一時期、警察官による不祥事が連日マスメディアで報道され、「犯罪のオンパレード」「警察官を見たら犯罪者と思え」状態になりました。だから、例えばこの時期、交通検問をやってもドライバーに逆に非難され、現場の警察官がやる気をなくしたり、検問自体回数を減らすということもおきました。検問に限らず、警察全般への市民の協力が減り、また警察官の士気の低下から検挙率も下がったのです。

さらに、警察組織の問題もあります。戦後日本の警察は、政治警察としての警備・公安部門偏重でやってきました。今や荒れた街頭デモがないのに、いまだに機動隊を数多く抱えています。時代の変化に応じて警察内の組織変更を適正に行うべきなのに、警備・公安警察の縮小と刑事警察の拡充ができなかったことも検挙率低下の原因にあげられます。

◎犯罪増加の原因にメスを！

しかし、統計を分析して「犯罪は増えていない」とするのも正確さを欠くのではないでしょうか。昨今、日本で増えている犯罪の筆頭は刑法犯の八割以上を占める窃盗です。確かに犯罪は犯す人間に責任があるので、実行犯を捕まえて罰する必要があります。しかし、なぜその人が犯罪にいたったかを探求し、原因を解決しないと、同じような犯罪を別の人が犯すだけになりかねません。犯罪実数の動向は正確にはわかりませんが、どこの国でもいつの時代でも、景気が悪くなれば財産犯は増えます。では、なぜ窃盗がこれだけ多くて、しかも増えているかを探らなくては、根本的な解決にはなりません。

定し、違反者には警告・禁止命令の措置を取り、さらに懲役・罰金を科すとしている。しかし、警察による「民事介入」への危険性も指摘されている。

＊4 DV防止法　正式名称は「配偶者からの暴力の防止及び被害者の保護に関する法律」といい、二〇〇一年に制定された。この法律は配偶者からの暴力を防止し、被害者を保護するために制定されたものであるが、一般的に「DV（Domestic Violence）防止法」と呼ばれている。法律の内容としては、警察による被害の防止措置や裁判所による被害者の保護命令と違反者に対する懲役・罰金刑を規定しているが、当法も「民事介入」への危険性が指摘されている

＊5 新自由主義改革　「大きな政府」（ケインズ主義的な国家介入型の資本主義や福祉国家）に反対して、「小さな政府」（規制緩和・民営化・民間活力の活用な

日本経済は一九九〇年代初頭のバブル崩壊後、「失われた十年」という長期経済不況が続いてきました。この不況の下、企業は生き残りをかけて、解雇・リストラ・海外移転を押し進めます。政府も世界経済の中での生き残りをかけて、企業の取り組みを助長する規制緩和や農産物自由化を押し進めてきました。この結果、昨今、失業率は五パーセントに達し、ホームレスは二万人ともいわれ、自殺者は三万人を越えるまでにいたります。

もし、会社員が企業に解雇・リストラされても、自営業者が大規模店舗出店のあおりで廃業しても、農業従事者が農作物の不作にあっても、政府が失業手当・雇用創出・所得保障など社会保障・セーフティーネットの充実により対処していれば、食べていくために犯罪に手を染める人々を減らすことは可能でしょう。今の状況を生みだしている新自由主義改革[*5]とグローバリゼーション[*6]が治安の悪化の原因となっているのに、「生活安全条例」の制定は根本的な解決策になりえないばかりか、「監視社会化」を招くだけです。治安の悪化をもたらしている根本原因にメスを入れる必要があるのではないでしょうか。

（清水）

ど）を標榜し、競争と市場原理を重視する経済理論に基づく諸改革。一九八〇年代のアメリカのレーガン政権やイギリスのサッチャー政権の政策が代表的であり、日本では中曽根政権や小泉政権の一部政策がこれに当たる。要するに、「弱肉強食」の経済政策であるが、これにより階層間格差が拡大する。

＊6グローバリゼーション　文字通りの意味は英語のGlobalization＝「地球規模化」。実際には、人・物・金・情報などが国境の壁を越えて世界規模で展開する状態を指し、特に海外への資本の直接投資や企業の多国籍化現象を指している。昨今はソ連・東欧などの社会主義圏の崩壊により、一気に自由主義圏の拡大が進み、世界展開の軍事力を担保としたアメリカの「一人勝ち」状態が一部で生じている。一方で、世界各地では反グローバリズム運動も展開されている。

生活安全条例ワンポイント知識⑫

少年犯罪の動向もよく見ると……

「少年の犯罪は増加し，凶悪化している」，「戦後最高となった刑法犯の主体は少年犯罪」という報道をしばしば目にします。「凶悪」って，どんな犯罪だろう。世の中，本当に凶悪化してるのだろうか，専門家は意見が割れてるけど，報道の見出しは同じなのは何でだろう。新聞は犯罪統計の読み方も示してほしいな。社会の実体を適切に伝えているのだろうか。そうした観点から，考えてみることも大切に思われます。

少年非行の認知件数は2003年から若干微減傾向にあります。人の命を大切にしないとして，凶悪化，規範意識の低下といわれますが，人命に関わる殺人については増加していません。急激な増加をしめした強盗については，統計上恐喝や窃盗を格上げした点が指摘されていますが，凶悪化というよりやり方が稚拙になっているともいえます。「凶悪化」状況からすれば少年保護事件から刑事裁判になる件数が増加してもいいはずですが，増えてはいません。少年事件特有の要素があると判断されているのでしょう。なお，その点で恐喝や強盗事件で共犯事件が増えている点は見逃せません。「群れる子ども」の事件は，少年事件特有の一面でもあり，現代の子どもの特性や近時の社会的状況との関わりから考える必要があるでしょう。（佐々木）

第2部

「生活安全条例」で「住民の安全」は守れるのか

第1章　社会と世界のうごきから見る「生活安全条例」

――新自由主義改革・グローバリゼーション――

清水雅彦
明治大学講師

◎はじめに

第1部のQ&Aで明らかにしたように、「生活安全条例」は警察主導で制定されている条例である。では、警察がこの条例の制定でどのような内容を盛り込もうとしているのか、それはどのような社会情勢に対応したものなのか、が問題となる。本稿では、Q&Aよりさらに専門的な内容面に踏み込んで、これらの問題を検討してみたい。

◎「安全・安心まちづくり」の基本構造

「生活安全条例」の制定は、もちろん警察の取り組みの一つにすぎない。現在、「治安の悪化」に対して、警察庁は「街頭犯罪等抑止総合対策」を掲げ、「安全・安心まちづくりの推進」を展開している。これは「犯罪防止に配慮した環境設計活動（ハード面の施策）の推進」と「地域安全活動（ソフト面の施策）の推進」の二本柱から成るものである。

まず、「ハード面」の「犯罪防止に配慮した環境設計活動」は、アメリカにおける「環境設計による犯罪予防（CPTED：Crime Prevention through Environmental Design）」（イギリスでは、「状況的犯罪防止手法（Situational Crime Prevention）」）を参考にしている。これは、「監視性」「領域性」「接近の制御」「被害対象の強化・回避」の四つの基本的な手法を踏まえて、道路、公園、駐車・駐輪場、公衆便所、共同住宅等における見通しの確保と監視カメラ等防犯設備の整備を要求するものである。そして、警察庁は建設省（現国土交通省）と協議の上、二〇〇〇年に「安全・安心まちづくり推進要綱」を策定した。これを受けて全国で展開しているのは、警察による街頭緊急通報システム（スーパー防犯灯）や街頭防犯カメラシステム（コミュニティセキュリティカメラシステム）などの設置と、警察の関与の下で進む店舗・住宅・駐車場等の監視カメラの設置である。特に後者に関しては、「生活安全条例」の制定とそれに基づく「生活安全協議会」等の活用が求められている。

一方、「ソフト面」の「地域安全活動」は一九九三年に登場する概念で、アメリカにおける「コミュニティ・ポリシング（Community Policing）」を参考にしている。この考えは、地域の安全確保のために警察が地域社会に入り、住民・ボランティア団体、自治体などと協力しながら警察活動を行おうというものである。また、これに関連して主張されるのは、コラム（本書二七頁）で紹介した「社会安全政策上の理論」としての「割れ窓理論（Broken Windows Theory）」と「犯罪対策の名称ないしスローガン」としての「ゼロ・トレランス（Zero-tolerance）」である。「ゼロ・トレランス」は、日本であれば軽犯罪法や条例違反に相当するような迷惑犯罪を重大犯罪と同様に厳しく取り締まるというものである。

◎二つの施策の条例による具体化

このような理論を警察は一九九〇年代に入り少しずつ研究し、その成果を発表しながら具体化してきた。まず九三年に、刑事法・都市工学の研究者を中心に警察庁内に「生活安全研究会」を設置し、同年の研究会では上記のハード面とソフト面の二つの施策の原型を提示した。そして同研究会はこの線で九七年に最終報告を出すが、同年にはさらに警察庁が建設省と共同して「安全・安心まちづくり手法調査検討委員会」を立ち上げ、翌年には同研究会の報告書が発表される。また、警察大学校編集の警察学論集では、九四年に「地域安全活動」の、二〇〇〇年に「国民を犯罪から守るためのシステム」の、二〇〇二年に「環境設計による犯罪予防」の特集を組んでいる。警察の取り組みを概観すれば、九四年から九五年に「コミュニティ・ポリシング」を、九七年から二〇〇〇年に「環境設計による犯罪予防」を紹介・研究・具体化してきたといえる。

以上の理論の具体化にあたって、警察は「生活安全条例」を活用してきた。第1部Q2で触れたように、「地域安全活動」の推進を図る上で、「生活安全条例」の制定は必ずしも必須の要件ではないが、条例の存在はその後の警察の活動を担保するので、条例作りを進めてきたのである。したがって、条例が制定された場合は、必ず「コミュニティ・ポリシング」の理論が挿入されている。

それに対して、「ゼロ・トレランス」については、条文数の少ない理念型条例[*1]では全く規定していなかったが、最近の東京都千代田区条例[*2]で路上喫煙のようなマナー違反程度の行為や、大阪府条例で鉄パイプ等の目的外所持を新たな犯罪類型に加えたりしている。「環境設計による犯罪予防」についても、理念型条例では規定していなかったが、「安全・安心まちづくり推進要綱」策定以降は、東京都豊島区条例などで入れはじめ、都道府県条例では東京都条例[*3]が典型のように、詳細な規定を入れはじめた。

実際には「生活安全条例」の制定は警察主導とはいえ、治安政策が具体化されるのは自治体においてであった。しかし、二〇〇三年に入り、八月には警察庁が「緊急治安対策プログラム」を発表し、九月には政府が「犯罪対策閣僚会議」を設置し(同会議は一二月に「犯罪に強い社会の実現のための行動計画」を策定)、一一月の総選挙では自民党も民主党もマニフェストで治安対策を掲げることで、治安政策は国レベルの問題となった。

◎米英の後追いによる新自由主義改革とグローバリゼーション

ではなぜ警察は九〇年代以降、アメリカやイギリスの治安政策を研究・紹介してきたのであろうか。特に八〇年代以降、アメリカは上記のような「コミュニティ・ポリシング」と「環境設計による犯罪予防」を導入し、イギリスも同様の施策と今や全国二五〇万台以上ともいわれる監視カメラ社会化を進めてきた。なぜ両国がこのような治安政策を進めてきたかというと、八〇年代のアメリカ・レーガン政権も、イギリス・サッチャー政権も、規制緩和・民営化・

＊1資料のページ参照。
＊2資料のページ参照。
＊3資料のページ参照。

「小さな政府」などの新自由主義改革とグローバリゼーションを進めていく中で、上層市民と下層市民との階層分化が進み、下層市民層で治安の悪化が進んだからである。これに対して、米英ともに新自由主義改革・グローバリゼーションを修正するなり、社会保障を手厚くするのではなく、治安の強化で改革を押し切ったのである。

これに対して日本はどうであったか。日本でも企業サイドは、八〇年代以降の海外直接投資の急増と国内生産から海外生産へのシフト転換・多国籍化が進み、米英ほどではないが徐々にグローバリゼーションが進展していく。一方、国内政治では八〇年代の中曽根政権が新自由主義改革に乗り出そうとするが、規制緩和や民営化など部分的にしか進まなかった。企業は従来の日本型経営を、国内政治は従来の政官財癒着体質と農業・自営業の保護政策を大きく変えることはなかったのである。そのような状況の中で、国内ではバブル経済がはじけ、国際市場では日本の国際競争力が落ちていくのである。

そこで九〇年代以降、企業は競争力回復のためにリストラと一層の海外展開を進める。政府は税制・財政改革（法人税率の引き下げ、消費税の導入・引き上げ）、社会保障制度・医療制度改革（社会保障の切り捨て）、規制緩和（農業・自営業の保護政策の放棄）などの構造改革を進める。米英に遅れ、紆余曲折はありながらも、ようやく日本も新自由主義改革とグローバリゼーションを展開しはじめるのである。

◎米英の後追いによる治安政策

Q２で警察学論集から引用したように、警察サイドは既に九四年段階で生活安全局設置の背景にある犯罪情勢の悪化要因に「都市化や国際化、ボーダレス化等の社会情勢変化」をあげていた。まさに、新自由主義改革がもたらす規制緩和や開発誘導政策による「都市化」や、グローバリゼーションがもたらす「国際化」「ボーダレス」が、「治安の悪化」をもたらすと見込んで警察組織を改編したのである。そして、一足早く新自由主義改革とグローバリゼーションを押し進め、その結果による「治安の悪化」に治安の強化で対抗した米英の治安政策を、九三年頃から約一〇年かけて着々と研究し、導入してきた。「生活安全条例」も九四年以降、じわじわと全国で増えていったのである。

それに対して、政治サイドは必ずしも十分な認識を持っていなかった思われる。しかし、不完全ではあったが九六年以降の橋本政権による構造改革の実施により、その効果が出だす九八年から失業率は四パーセントを超え、九九年からホームレスが急増し、九九年には自殺者が三万人を越え始める。犯罪についても、九五年以降犯罪認知件数が増え始めるが、特に九九年からは飛躍的に増大する。このような状況に対して、政府はセーフティーネットを拡充するわけでもなく、一方で治安強化の政策を全面的に打ち出すわけでもなかった。肝心の警察が九九年からの一連の不祥事で、とてもそのような状況ではなかったのである。

そうこうしているうちに、二〇〇〇年代に入り、失業率・ホームレス・自殺者・犯罪の状況は一向に改善しないばかりか、ますます悪化する。国民の中には国内政治への不満も高まる中で、ようやく政府も治安政策に本腰を入れはじめるのである。警察サイドは、二〇〇〇年の「安全・安心まちづくり推進要綱」や「警察改革要綱」、二〇〇三年の「緊急治安対策プログラム」などにより、警察によるものと「生活安全条例」による民間人の監視カメラ設置が、また地域での各種法人と警察とのネットワーク作りと「生活安全条例」による「地域安全活動」の実践が急速に進む。そして、ようやく二〇〇三年に中央政治でも治安政策が全面に出ることで、ますます治安強化が進もうとしているのである。

◎おわりに――今後の展開と課題

「生活安全条例」はまだ約半数の市町村と三〇近くの道府県で制定されていないため、これからも制定は続く。同時に、条例があってもなくても、監視カメラの設置と「自警団」作りも進む。また、警察サイドは一層の青少年の「健全育成」と外国人対策を進め、「生活安全条例」の全国版ともいえる「治安対策基本法」の制定も検討している。

では、私たちの課題は何であろうか。やはり、このような治安政策がもたらすプライバシー権や肖像権などの人権が制約される社会、「安全」の名の下に自由を制約する社会が本当に望ましいのか否か、警察権限の強化と市民の相互監視による社会が本当に住みやすいのか否か、そもそも治安の悪化をもたらしている新自由主義改革とグローバリゼーションがいいのか否かを検討していくことであろう。

（しみず・まさひこ）

〔参考文献〕

・渡辺治編『変貌する〈企業社会〉日本』（旬報社、二〇〇四年）

・拙稿「『安全・安心まちづくり』の展開」（法と民主主義三八七号、二〇〇四年）

・拙稿「『安全・安心まちづくり』の批判的検討」（法の科学三四号、二〇〇四年）

第2章　「戦争に出て行く国」の治安法制

——「生活安全条例」と有事法制

田中　隆
弁護士・自由法曹団

◎「生活安全条例」が展開したとき——一九九四年から二〇〇四年へ

地域の安全と国際化への対応

全国の地方自治体に広がっている「生活安全条例」の本格展開が開始が始まったのは、一〇年前の一九九四年のことであった。背後にあったのは警察庁に生活安全局を新設し、生活安全警察を重点課題に掲げた警察戦略である。警察白書［平成六年版］』（一九九四年）は「安全で住みよい地域社会を目指して」をテーマに掲げ、冒頭の第一章に「地域の安全確保と警察活動」が据えられている。この「地域の安全確保」はそれだけが孤立して打ち出されていたものではなかった。もうひとつの重点課題は「国際化社会への対応」であり、この白書の第二章は「国際化社会の警察活動」にあてられている。

これより先の「ボーダーレス時代における犯罪の変容」をテーマに掲げた『警察白書［平成四年版］』（一九九二年）は、以下のような「時代認識」が掲げられていた。「現代は、『ボーダーレス』の時代である。最近における国際化の進展、交通手段の変化、女性の社会進出等をはじめとした社会経済情勢の変化は、従来当然のものと考えられていた様々な境界を消滅させつつあるが、これは、社会の病理を写す鏡である犯罪の分野においても例外ではない」。

このように「生活安全条例」はこの「時代認識」によって生み出された。「生活安全条例」と生活安全警察は、急速な多国籍企業化・国際化のもとで変容する地域社会や犯罪動向に対応するための警察戦略の一環であり、「グローバル化のもとでの治安戦略」だったのである。

政治改革と朝鮮半島危機

この一九九四年、政治や軍事の分野でも大きな変動が続いていた。

この年一月、政治改革法が強行され、小選挙区比例代表並立制が導入された。参議院で逆転否決された法案を、細川護煕首相と河野洋平自民党総裁（いずれも当時）の「総・総協定」によって復活させた「深夜の密室クーデター」であった。九〇年代初頭から繰り返し強行がはかられてきた政治改革・小選挙区制導入のねらいは、国際国家に対応した果断な政治を可能にするための政治システムの変更であった。この小選挙区制はその後の議会政治を大きく規定し、一〇年を経て同質的な保守二大政党を生み出しつつある。

同じ年の六月、北朝鮮の核開発疑惑によって米朝関係が緊張し、アメリカは北朝鮮侵攻の「作戦計画５０２７」の発動寸前までいった。侵攻作戦の兵站拠点となる日本に港湾や空港の提供など一〇〇〇項目を超える要求が突きつけられたが、対応は不可能だった。作戦は発動されなかったが、アメリカに残った強い不満とこの国の支配層の「トラウマ」が、「新ガイドラ*1

＊1新ガイドライン　一九九七年九月に日米両国で合意された新しい「日米防衛協力のための指針」。七八年の旧ガイドラインに対して、新ガイドラインと呼ぶ。北朝鮮核疑惑（一九九四年）を理由にした米軍の武力攻撃計画に日本が対応できなかったことへのアメリカの不満を受けて合意されたもので、米軍の作戦の後方支援に自衛隊を活用することなどを約束したもの。一九九九年に強行された周辺事態法はその具体化。

＊2アーミテージ報告　二〇〇〇年一〇月にアメリカ国防大学国家戦略研究所が発表した「米国と日本・成熟したパートナーシップに向けて」のこと。アーミテージ前国務副長官が中心メンバーだったため「アーミテージ報告」と呼ばれる。アメリカの対日要求の集大成であり、緊急事態法制（＝有事法制）の制定も含まれている。

イン」やアーミテージ報告[*2]を経て、有事法制[*3]を生み出すことになる。

「生活安全条例」の一〇年

「生活安全条例」が展開をはじめた一九九四年は、政治や軍事の分野でも大きな転換点にあたっていた。それから一〇年、政治改革に端を発した構造改革が全ての分野で強行され、世界を市場化するグローバリゼーションを推進するアメリカは「反テロ戦争」に突き進み、この国は有事法制を強行して対米追随の軍事大国化の道をひた走った。

「生活安全条例」の一〇年は、こうした世界とこの国の変動のなかにあり、構造改革・軍事大国化とともにあった。

◎軍事・安全保障と治安——有事法制と国民保護法

有事法制と事態対処法制

二〇〇三年六月、有事三法（武力攻撃事態法・自衛隊法「改正」・安全保障会議設置法「改正」）が、与党と民主党の「修正合意」によって成立した。法案が提出された二〇〇二年には反対姿勢が強かった民主党が「修正合意」に走った背景は、イラク戦争で示されたアメリカの圧倒的な軍事力と連日のように振りまかれた「北朝鮮脅威論」があった。

翌二〇〇四年六月、有事三法を具体化する事態対処法制（個別法、国民保護法・米軍支援法・公共施設利用法など七法案と条約三案件）が、またも与党と民主党との「修正合意」によ

＊3有事法制　二〇〇二年四月に国会提出されて翌年六月に成立した有事三法（武力攻撃事態法など）と、二〇〇四年三月に国会提出されて同年六月に成立した有事一〇案件（国民保護法、米軍支援法など七法と条約三案件）の総称。「有事」における政府・地方自治体・指定公共機関（ほとんどが民間事業者）などを上げての戦争態勢の構築、国民の協力責務、自衛隊・米軍の作戦支援（＝兵站の提供）や、平時からの国民保護計画の作成・訓練などを規定する。

って成立した。イラク特措法によって、初めて戦地に駐屯した陸上自衛隊などが「復興支援」や「米軍支援」の活動を続けるなかでの強行であった。

同年九月、国民保護法などが施行され、武力攻撃事態法施行令が「改正」されて指定公共機関が指定された。陸海空の民間輸送会社や民間放送局など一六〇社（機関）もの指定であった。指定公共機関は政府や地方自治体とともに、「侵害排除」や「国民保護」のための対処措置にあたることになっている。

「外に出て行く国」の戦争法制

有事法制は、現実の武力攻撃が発生するはるか以前の段階で「武力攻撃予測事態」や「武力攻撃事態」を宣言して戦争態勢を構築しようとする法制であり、対処にあたってはアメリカと緊密に協力し（武力攻撃事態法三条六項）、米軍に空港・港湾の優先利用を保障し（公共施設利用法）、弾薬を含めた物資や業務を提供する（米軍支援法）法制である。

そのアメリカは、「反テロ戦争」を叫んでアフガンからイラクに戦争を拡大しており、情勢いかんでは朝鮮半島や台湾海峡に戦火が拡大する可能性は十分にある。アメリカが北東アジアなどで戦端を開いたら、自衛隊は周辺事態法によって米軍の後方支援にあたることになる。「周辺」とは言えないアフガンやイラクと異なって、北東アジア・東南アジアの事態はダイレクトに「我が国周辺の地域における我が国の平和及び安全に重要な影響を与える事態」（周辺事態法一条）に該当するからである。

そのとき、後方支援を行う部隊への武力攻撃（相手国からすれば反撃）は十分考えられ、

「周辺事態法での後方支援——相手からの攻撃（反撃）の予測——戦争態勢を構築して自らも参戦」という回路を通じて、米軍の兵站拠点となるとともに自らも参戦していくことになる。国会の審議で政府が繰り返し答弁した「周辺事態と武力攻撃予測事態は併存する（重なる）」「公海上にいる船舶や周辺事態法で海外にいる自衛隊への攻撃も、我が国への組織的・計画的な攻撃と考えられれば武力攻撃事態法が発動される」「武力攻撃の着手があれば、自衛隊の武力行使ができる。ミサイルに燃料を注入する等の準備をはじめれば着手であり、ミサイル基地を叩くのも自衛の範囲である」といった答弁は、政府自身が「周辺事態法と連動しての発動」を自認していることを意味している。

有事法制・事態対処法制とは、アメリカと多国籍企業化したこの国の大企業の要求する「外に出て行くための戦争法制」にほかならない。

緊急対処事態——軍事から治安への拡大

「有事法制は武力攻撃に対応するもの。テロや不審船対策は別の法律でやる」。有事三法を提出したころ政府はこう説明し続けてきた。テロはあくまで警察力によって対処すべき犯罪であり、軍隊が中心となる武力攻撃事態と峻別するのは、当時は政府の立場でも当然のことだった。だが、この峻別は、国民保護法の準備と審議の過程で溶解する。

二〇〇四年三月に提出された国民保護法案には、武力攻撃に対応する武力攻撃事態のほかに「大規模テロ」などに対応する緊急対処事態が加えられていた。そして、与党と民主党が取り交わした「修正合意」では、緊急対処事態を武力攻撃事態法にも挿入することが確認され、国民保護法の「修正」によって武力攻撃事態法が「改正」され、「大規模テロ等」が「有事」のひとつに昇格した。安全保障法・軍事法だった有事法制が治安法・警察法の性格を帯びたことを意味している。この治安方面への拡大は、自衛隊をイラクに派遣して米軍に加担し続けている現実から導き出された。戦火のイラクに現に自衛隊を派遣しているもとでは、武力攻撃より「大規模テロ」などの方が現実性を帯びているからである。

◎有事法制・「生活安全条例」のもとの社会――「民間防衛」と「民間防犯」

地方自治体と「国民保護計画」

有事三法、事態対処法制の施行と政令の制定によって、二〇〇二年春にアフガン戦争のもとで浮上した有事法制は、ひとまず法制面の整備が終わったことになり、整備の舞台は地方自治体に移行した。国民保護法はすべての地方自治体に住民避難などの「国民保護計画」の作成を求めており、全自治体に「国民保護協議会」が設置されることになっている。

二〇〇五年春には「国民保護計画」の基本となる「基本指針」が政府によって発表されることになっており、二〇〇四年一二月に「要旨」が公表された。二〇〇四年九月の福井県・鳥取県を皮切りに都道府県議会での「国民保護協議会条例」の制定もはじまっている。「基本指針」を出発点に、五年を目途にすべての都道府県・区市町村に「国民保護計画」を組み上げさせ、「図上演習」や「実働演習」が実施されるようにするのが政府のタイムテーブルである。

タイムテーブルどおり行けば、五年後の二〇〇八年には全国津々浦々で「有事」を想定した避難演習などが繰り返されることになる。この演習でも「本土決戦」「本土空襲」より「現実性」を伴った「大規模テロ」が前面に押し出されていくに違いない。

地域防衛と演習の担い手

全住民が避難する演習を行おうとすれば、地方自治体はもちろん、地域の町会や自治会・商店会をはじめとする地域のすべての機能を組み込み、すべての住民を駆り立てざるを得ない。だれが住民をその演習に駆り立てていくか。「いざ有事」となれば自衛隊は作戦に専念し、警察は治安維持で手一杯、消防もわずかな人員しか擁していない。

「自警団などが自発的に行動して救援や避難の誘導などをやるのは大変望ましい。自発的に出てくる自警団は一種のボランティアとも言えるもので、支援していかなければならない」「技能を持った民間人の協力が必要であり、できれば自治体での登録を進めたい」。いずれも国民保護法の審議での政府の答弁である。有事法制・国民保護法の担い手に予定されているのは「自分たちの安全は自分たちで守る民間防衛」なのである。

「民間防衛システム」と「民間防犯システム」

「生活安全条例」が、防犯を自治体・住民の責務として、「民間パトロール」などを行う「自警団」を生み出し、住民の挙動を監視する監視カメラを蔓延させつつある。この「民間防犯システム」と、国民保護法が予定する「民間防衛システム」は容易に重なり合う。「国民保護計画」が策定されて「民間防衛」が広がっていけば、「民間防犯組織」は「民間防衛組織」に格上げされ、「自警団」が非協力者や反対者をいぶりだし、監視カメラが外国人や不審者に日常不断の監視を加えることになるだろう。

「帝国陸軍」の時代と違って自衛隊は地域に浸透しておらず、「草の根」に根を張った「在郷軍人会」も存在しない。そのもとで、世界各地への自衛隊の派兵を続けようとすれば、自衛隊以外の力で、「安全のために戦地に出て行く自衛隊員」を送り出し、反対や非協力の声を封じ込む「銃後《じゅうご》の社会」を生み出さねばならない。「生活安全条例」や「国民保護計画」はそのために活用されるに違いない。

「生活安全条例」は「戦争に出て行く国」の「銃後」を固めるための治安法制となるのである。

（たなか・たかし）

第3章　F・パブロフの茶色と「安全・安心」色

——「市民的」治安主義の展開と「考えあう」ことの大切さ

佐々木光明
神戸学院大学教授

「安全・安心のため」の地域条例がさまざまの名称で各地にできつつある。どんな内容で、何が変わるのか。よく知らずとも、よく考える機会がなくても、どんなもの…と疑問が湧いたとしても、物騒だし不安だとされる世の中で「良いことなのだから」とやり過ごしてはいないだろうか。「安全と安心」、誰もがもとめていることだ。もちろん、それは自然に湧いてくるものでもないことも知っている。ただ、お上の「治安政策」だけではなく、その地や人々の歴史や文化、智恵も織りまぜたものだ。おとなり近所とも関わることだろう。だからこそ、わたしたちの暮らしや日本社会の未来とつながっているからこそ、何が起きつつあるのか、どんな暮らし方を思い描くのか、ひとり一人が考えあうことが必要なのだ。何によって守られる安心と安全なのか。

◎知らずに染まる

「俺」と「シャルリー」、その暮らしや世の中がだんだんと「茶色」の世界になっていく。一五年飼っていたシャルリーの犬は、茶色というには無理があったというので安楽死させた。俺は白黒ぶちの猫を始末していた。国の科学者（専門家）たちがいうには、茶色が都市生活に適し、子どもも生みすぎず、えさも少なくてすむことがあらゆる選別テストで証明されたという。茶色以外の犬猫を取り除く制度にする法律ができた。自警団が毒入り団子を配って処理にあたっていた。何色だって犬猫に違いはないのにと思いつつも、人間「のどもと過ぎれば熱さ忘れる」ものだ。シャルリーは、俺が猫を処分したときと同じように、何事もなかったかのように話していた。きっと彼は正しいのだろう。陽が降り注ぐビストロでゆっくりコーヒーを味わいおしゃべりをして、俺たちは別れた。妙な感じが残った。お互い、いい足りないことでもあるかのように。どこかすっきりしなかったが。そうこうするうち、「街の日常」新聞も発禁となり、「茶色新報」だけに。口汚い新聞でうっとうしいと思いつつも、スポーツ面はましだという。騒ぎもしないビストロの客たちの中で、心配性の俺がバカなんだ。図書館の本も茶色に染まっていく。発禁の出版社。やられそうなら気をつけなきゃ「行きすぎはマズイよ」とシャルリー。心配しても仕方がない、まあいいかとあきらめた。

ある日シャルリーは、鼻の頭からしっぽまで茶色の犬とともに現れた。偶然にも俺は茶の瞳と毛並みの雄猫を連れていた。俺たちは笑い転げた。「街の流れに逆らわないでいさえすれば、安心が得られる」、「茶色に守られた安心、それも悪くない」。

しかし、きのう信じられないことが起きた。安心しきっていた俺が、街の自警団に捕まりそうになった。シャルリーが「前に」黒犬を飼っていたというので容赦のない自警団に突入され、ドアはめちゃめちゃだ。どこへ連行されたかもわからない。近所に聞けば、俺が、以前、茶色じゃない猫を飼ってたことは簡単にバレちまう。一晩中眠れなかった。最初にペット措置法を課してきやがったときから、イヤだと言うべきだったんだ。でも、忙しくて、俺にはやらなくちゃいけないこともこまごまあったし……。

誰かがドアとたたいてる。こんな朝早く。陽はまだ昇ってない。そとは茶色。そんなに強くたたくのはやめてくれ。いま行くから。

これは、フランク・パブロフの『茶色の朝』（藤本一勇訳、高橋哲也メッセージ〔大月書店、二〇〇四年〕）の世界である。声高に強力な権力者や弾圧を描き警鐘を鳴らすものではなく、日常が「茶色」に染まっていくなかで、とまどったり、あきれたり、あきらめたりしつつも「流れ」を受け入れながら、深く静かに広まる息苦しさを描き出している。

「俺」は、「何かがおかしい」「妙な感じがする」と思いながら、それでうまくいくなら、大きな破綻の起きない日常の時の流れに委ねて、その思いを心の奥に沈めていたのだ。猫の始末をしながら、湧いてきた小さな不安や疑念を「何事もなかった」ような周囲のなかで、それ以上深く考えることをしなかった。茶色の拡がりに逆らわなければ、自分に関わりが及ばないようしていれば安心だし、そうしたほうが自分は安全だ。面倒なことと関わるほどヒマじゃないとしてきたのだ。

われわれの日常のなかで、多くのやり過ごしてしまうなかで、ときとしてわき上がる小さな疑問や違和感を大切にすべきことを気づかせてくれる。「あたりまえでしょう、安心と安全の条例・政策」というのはたやすい。そのまえに、ちょっと知る機会をつくること、考え、想像力を少しはたらかせてみることがいま大切だ。

「おかしい、やはりいうべき時にいうべきだったんだ」と悔やみながらも、目の前の危機に「そんなに強くたたくのはやめてくれ、いま行くから」といってしまう安穏さの染みこんだ「俺」から考えさせられることは多い。なぜ茶色かって？ 是非ご一読を。ヨーロッパの排外主義・全体主義とのかかわりを高橋氏の解説的メーッセージが答えてくれる。

◎子どもをスケープゴートにした「安心・安全」

フランク・パブロフの寓話は、わたしたちの日常と連続したものである。たとえば、従来からの考え方や取り組みを大きく変えるものでありながら、その問題が見えにくいものの一つが、子どもに関わる法制と政策である。

「安心できる地域社会づくり」のために、という誰しもが否定しないフレーズでそれが説かれることが一つの要因である。「治安を脅かす」少年非行が増加しているゆえ「安心で安全な社会のために」「厳しい対処」が必要だとして、少年法の理念と地域のいわゆる「健全育成」と称されてきた取り組みは、「学校」を含めていま大きく変貌しようとしている。それも、「何事もなく過ぎる日常」の中で。

子どもへの不安視

犯罪動向を一般化して治安の悪化論に結びつける議論は、子どもの問題にとりわけ顕著である。犯罪者の半数が子どもだとし、特異な事例をあげながら、子どもの凶悪化論を喧伝しがちだ。しかし、凶悪の指標でもある少年による殺人は増えてはおらず、暴力で死亡する子どもの数も増えてはいない。凶悪犯の中の強盗の増加にしても、恐喝等の認定替え等統計の取り方の問題が指摘されている。[*1] 子どもの何が凶悪化したのか、非行を統制しきれない要素は何なのか等、凶悪化論の根拠は不十分なままでありながら、冷静な検討より不安感だけがあおられる。

「少年犯罪はいまや深刻な事態を迎えている」との言説は、取締機関だけでなく教育機関等の文書にも見られる。そこに共通しているのは、「安全と安心を奪いかねない人間（子どもや外国人等）」に対する「疑心」と「選別」の論理が見え隠れすることだ。そこからは、容易に「厳しい処分」と「規範意識の教育」の必要性が導かれやすい。「悪性を抱えた子ども」として、その資質をことさらに焦点化し、子どもの社会的諸関係を捨象し、何をしでかすかわからない非行少年というモンスターを描いてみせることで、社会的危機感と防衛意識を高め、返す言葉で、その彼岸に移行しやすい子どもを守るのだと警鐘を鳴らす。そうした動きは、いわゆる「不良・非行」化しやすい子どもとそうではない子どもとの選別を、家族も含めて強めることになる。学校でも地域でも。「補導強化」（警察庁は補導員の組織化と権限の強化、補導対象の法律化を進めている）と「子どもの情報管理」（学校警察相互連絡制度の推進）への動きは急でもある。

少年法改正と社会の復元力の衰退

少年法は、子どもが非行を犯したとき、社会が取る姿勢を示したものである。それは、非行

＊1　凶悪化論等を統計的に批判するものに、鮎川潤『少年犯罪――ほんとうに多発化・凶悪化してるのか』（平凡社新書、二〇〇三年）、石井小夜子ほか『少年法少年犯罪をどう見たらいいのか』（明石書店、二〇〇三年）

という形で現れたその少年の問題性（要保護性）を発見し、少年が行ったことを自覚する機会をつくり、再非行を防止することによって、治安の安定を図ることを理念として掲げる。そして、家庭裁判所を中核とした制度がそれを支える構図をとっている。そこには、総合人間科学的なアプローチを基礎に、子どもの実像を多面的に捉えようとする理念がみてとれる。

しかし日本社会は、二〇〇〇年には少年法を改正し、検察官の審判関与を容認し、刑罰を課すことのできる年齢を一六歳以上（高校生等）から一四歳以上（中学二年）へと引き下げ、一定事件は家庭裁判所を通すものの原則として刑事裁判にまわす（原則逆送制度）など、その厳罰化を鮮明にした。立法提案者は、刑罰も教育であり、子どもも責任をとることを学ぶべきだとし、一方で保護主義理念を大きく変えるものでないとした。その後これは、日本社会の一人の構成員としての自覚とそれを生み出す規範意識の強化の議論＝教育改革論（教育基本法改正等）につながっていくことになる。

指導的で強い姿勢を示す法によって、自覚的な「よき市民」「いい子」の育成を掲げたということができる。他方、子どもからしてみれば、社会生活上での失敗はいっそう許されないことになる。子どもへ向けられる目は、大人や社会と子どもの関わりのなかで、その子どもの問題の解決に必要なことは何かを探ろうとする視線ではなく、厳しく責任を要求するものになる。少年法の理念は、確実に変容しつつある。

そして二〇〇四年末には、福祉的対応を優先してきた一四歳未満で非行を犯した子ども（触法少年）でも、司法的手続きを可能にし、少年院でも処遇可能にすべきだとして立法提案の準備が進んでいる。[*2] 子どもが抱えかつ示した逸脱行動という問題性は、子どもに必要な手だて

＊2　二〇〇四年九月、法務大臣が法制審議会に①触法少年の調査権を警察に認める、②少年院収容年齢の下限である一四歳を削る、③保護観察中に遵守事項を守らない場合は少年院に収容できるようにする、といった点を諮問した。二〇〇五年一月二一日、同審議会少年法部会は少年法改正要綱を決定した。法務省ＨＰ参照。

（教育等）を考えるきっかけでもあり、支援の方策を見つける始まりでもある。日本社会は、刑事責任を問えない一四歳未満の子ども（刑法四一条）に対しては、福祉的な対応によってそれを解くことを法制度上明確にしてきた。それを、社会の安心のため、また個人的資質の問題として制裁的な対処・対応を取ろうとする今回の改正提案は、子どもに向き合う基本的理念の枠組みをかえていくことになるだろう。

子どもは他者との関わりのなかで、自分の安定を見いだし、その中で自己の統御の仕方や社会性を徐々に学び取っていく。そうした過程があって、被害者や非行への反省は本来深まっていく。少年法をもつ日本社会は、問題を抱えた子どもを受け入れつつ立ち直りの機会を多様に用意する社会であろうとしてきた。しかし、厳罰化の進行は、社会の復元力を衰退させていくことになるだろう。

◎地域の権威的な組織統合による「安心・安全」

一方、地域においては、従来、学校や警察補導員、青少年育成委員などから町内会などの人々まで、様々な領域の人々が健全育成活動に関わってきた。しかし、現在、子どもの非行の「前兆行動」を見逃さないとして、「情報の共有」「連携体制の構築」「地域住民の協力」が叫ばれている。具体的には、「少年警察ボランティア」として一元的に組織化しようというのだ。また、あわせて補導法制をあらたに設けることが検討されている（警察庁ホームページ参照）

たとえば夜間外出や喫煙など問題を抱えた子どもの行動は、本来その子どもの置かれた状況の変化と見ることもでき、地域の関わりや「教育」が最も試される場面ともいえる。しかし、それを学校や地域社会の監視のシステムにのせることで「発見を早める」とする。ここには、子どもの置かれている実情を把握し理解しようとする姿勢や、世代の関わりの中から子どもへ伝えるものが見えてきにくい。

上からの地域の再編は、急速に進んでいる。政府のいう「犯罪に強い社会」のために警察庁は、「安全に暮らせるまちづくり」として「地域安全ネットワーク」の構築を進めている。たとえば、A市のネットワークでは、既存の町内会をそれぞれ「安全部会」とし、駐在所の管轄区域ごとに地区に分け、駐在所とともにそれぞれ「地域安全の会」を結成。安全の会と、町内の交通安全団体、防犯団体、学校、消防などの組織が、犯罪や警戒の情報などを直接交換し、犯罪、事故の未然防止活動を行うとする。そのパンフレットのイメージ図には、町内会が警察署に同心円状に囲まれた状態に描かれている。

もちろん地域の人々の連携が必要であることには誰も異論がない。しかし、先の例にみるように、福祉や地域活動も含めてあらゆる領域で警察が中心的な役割とコーディネイトをはたすとき、具体的にどのような課題があがってくるのか十分検討されているだろうか。

地域組織の一元化によって失われるもの、それは地域の市民が自らの問題として考える力であり、協同する機会である。それと引き替えの安心・安全ともいえる。

◎学びと威嚇が結びつく「安心・安全」

教育の現場は、「非行の凶悪化」、「学校との連携の強化」という言説の影響を最も敏感に感じ取りやすい場である。そして、変化がおきている一つでもある。現在、少年警察と都道府県・市町村教育委員会との二つの「連携」が進んでいる。「人事交流」と「情報の共有」という連携である。少年事件や校内暴力等を契機としているようだが、学校が「指導」のための直截な「力」を欲しているともとらえることができる。

人事交流は、九九年で一三都道府県に二三人が生徒指導をおもな役割として出向している(朝日新聞一九九九年六月一七日)。茨城県の例では九九年度から「指導室室長補佐」として教師の相談にのり、常習遅刻や服装指導で成果が上がっているという。警察と教育機関との「連携」が、教師への指導・助言をするセクションに配置されることによって、実際には警察官としての「強い指導」のノウハウが模索されているようだ。そこには、教育力による解決への教師の無力感と、権威と強さ、威嚇力を背景にした学校秩序の回復・形成をはかろうとしている現場管理者の心理を読みとることができる。

教育の現場で問題が起きたときに、迅速に対応がとれるためにとのことだろうが、問題のある子どもは早めに警察等司法的な対応に乗せ、他の子とは別に扱うといった教育の役割機能分担が進化し、子どもの選別化が進みやすく、また本来どんな時に警察と連携をとるべきかの現場の問題解決力を結果的に失っていくことになりかねないだろう。警察の目は、指導に乗りにくい子どもや非行経験を持った子どもの選別化に向かいやすい。

さらに、実際の活動にもよるが、いわゆる問題のある子どもに関する情報が、家族の状況等含めて手にはいることになる。その警察的関心から集められる情報は、子どものいい面も含めた総合的な教育情報ではなく、マイナスの評価要素しかない情報になりかねない。実際は慎重な運用がなされるだろうが、警察が治安維持機能を持つ組織である点からすると教育委員会に対する社会的な信頼は減殺されてしまうことになる。

◎「強い力」への期待と依存、そして社会への信頼の喪失

「生活安全条例」等の地域立法に限らず、厳罰化、規範意識の育成・強化によって社会的関係を再構築しようとする立法や政策が相次いでいる。「治安の悪化」「子どもの犯罪の凶悪化」をきっかけにして打ち出される政策は、社会に対する威嚇と個人に対する責任追及を下地にしている。こうしたなかで、生起しつつあるのは、「強い力への期待と依存」であろう。漠然とした不安の中で生まれやすい厳罰要求を支えるものは、力でいっきにコトを解決してくれ、かつ悪しき人間への鉄槌をなす「力」への期待であり、制裁によるカタルシスの充足といえなくもない。しかし、威嚇的で威圧的姿勢を種々の局面で示してくれる「強い力」は、もともと日本社会が抱える問題への取り組みではないがゆえに、不安を逓減させるわけではない。

いま、地域の非行防止から、学校の困りごとまで、解決をしてくれそうな頼れる「力」の存在を待望し、それに依存しようとしている。ただ、それは一方で、人々の「他者との関わり」「他者への関心」の希薄化を招くことにもなろう。ひとり一人、個人が分断され孤人化し、少しずつ社会への信頼を喪失していく。また、問題を抱えている人間に対する支援の社会的協同のシステムも力を失っていくことになるのではないだろうか。そうした中で、いま、地域愛・愛

国心、規範意識の形成といった上からの「新たな公共性」の提起がされていることも忘れてはならない。

地域で日々非行問題や地域作りに係わる人々がもとめるものは、知恵を出し合いながら人々が協力しあえる関係を作ることであり、活動の成果が少しづつ見えてくることでもある。日常の地域的な関係づくりでもある。権力的、組織的な「関係の再編」による混乱と落胆の積み重なりは、地域作りの実質を権威的な指導に全面的に依存し移譲していくことにつながりかねないだろう。安全と秩序の自律的形成を放棄し、警察に依存していく「市民的治安主義」は、漠然とした不安と苛立ちのなかに潜んでいる。

「俺とシャルリー」が失った市民的自由と希望。見失わないためには、私たちひとり一人がいま起きつつあることを「知ろうとし」、「考えあう」ことではないだろうか。

（ささき・みつあき）

第4章 「社会の安全」は刑罰強化でつくれるのか
――「不安社会」と刑事法

新屋達之
大宮法科大学院大学教授

◎「不安社会」

ドイツの社会学者ウルリヒ・ベック(Beck,Ulrich)は、現代社会を「危険社会」(Risikogsellschaft)として描いた。[*1] ベックの「危険」概念は、もともとは産業社会・工業社会とその高度化による環境破壊を中心とする「危険」とそれが政治・社会にもたらすさまざまな影響を想定していたように思われる。しかし、この「危険社会」は時に言葉の一人歩きを生じ、ベックが当初想定していた「危険」を超え、日常生活に潜むさまざまな事件・事故の「危険」、更にそのような「危険」に巻き込まれる「不安」をも含み、「怖い社会」の代名詞として用いられることもあるように見受けられる。

この点で、現代は確かに「危険社会」なのだが、むしろ「不安社会」というべきなのかもしれない。とりわけ、「構造改革」「規制緩和」の名のもとに既存の統治・支配秩序のある一面が解体され、これまでのさまざまな社会のセーフティー・ネット、命綱が除去される。このこと

＊1 ウルリヒ・ベック著、東廉・伊藤美登里訳『危険社会』(法政大学出版局、一九九八年)。もっとも、後の著書(ベック著、島村賢一訳『世界リスク社会論』(平凡社、二〇〇三年))では、戦争・テロなどの「リスク」にも言及している。

自体が人にさまざまな不安感を投げかけ、「改革」はむしろ人心を保守化させる。一方、「構造改革」のスローガンとして用いられる「民間活力」という論理は、経済活動における側面のみに矮小化される一方（政治・統治の領域で民主主義という「民の論理」が貫徹されているであろうか）、経済活動の領域のみは肥大化し、民生・福祉・教育といったすぐれて公共的な領域をも侵食しつつある。さらに経済活動は「カジノ資本主義」と化して長期的な視点を失い、数時間それどころか数分間の視点で機を見ることが求められる投機的なものに変容する。それ故、経済そのものが不安定化し、経済の論理に飲み込まれた社会も不安定化する。[*2]

しかも、「規制緩和」のもと、経済活動は個々の企業・個人のインセンティブに基づくことが重視され、それが社会活性化の原動力だとされる。それ故、人は合理的選択に基づく強い個人であることを「期待される」が、それのみならず、そうであることを「要求され」、さらにそれが「現実の人間である」として描き出される。このような「強い個人」要求の圧力の中、人は敗北への不安からすさましいまでの競争にさらされ、ひたすら勝ち残る（少なくとも落伍しない）ことを要求される。ところが、自らが勝つためには同情は許されない。競争社会の中で「同感の論理」は放棄され、人は競争に勝った（少なくとも落伍しなかった）ことで多大の安心を得ることになろう。

◎「不安社会」と犯罪・刑事法

しかし、誰かが勝つことは誰かが負けることでもあるが、この当然の理は以外なほど忘れら

*2　このような経済社会の問題を指摘するものは少なくない。ここでは、思想・学風は異にするがリベラルという一点で共通する次の三点をとりあえず挙げておく。金子勝『市場』（岩波書店、一九九九年）、佐和隆光『日本の「構造改革」』（岩波新書、二〇〇三年）、二宮厚美『現代資本主義と新自由主義の暴走』（新日本出版社、一九九九年）。

れている。では、敗者はどうなるのであろうか。競争に敗れてもセーフティー・ネットは存在しない。あるいは存在しても現実の敗者復活は容易でないから、あとはひたすら転落を歩むほかない。これが現実であることも見過ごされがちである。勝者と敗者の立場は固定化し、強い者はさらに強く、弱い者はさらに弱くなるのであって、相互の立場の互換性は存在しないことになる。

そして、このような「普通」の世界で認められずに敗退した以上、その鬱積した部分が様々な歪んだ形で爆発することも少なくない。経営失敗を隠蔽するための経済犯罪、逆に違法・不当な手段で利得を得ようとする組織的犯罪、さらに弱い者に対する（殺人をも含めた）暴力の転嫁、現実世界からの逃避としてのカルト集団やサブカルチャーの形成、そこまで行かなくとも最も単純な形で利得を得る財産犯罪などである。これらは当然、犯罪・非行そのものであり、あるいはその契機となる。そして、理由・原因が何であれ、犯罪はほとんどの場合、他者の生命・身体・自由を侵害するものであるから、それは社会に脅威を与え、人々の安心感を動揺させる。このことは必然的に、厳格な刑事司法の運営、犯罪予防のための強い措置を要求する。また、自らは潜在的被害者と位置づけられるから、被害者保護への関心も高まる。

さらに、「人は合理的選択に基づいて行動する存在である」と描かれるとき、犯罪も自己決定の所産と理解されることになろう。そうすると当然、犯罪という自己決定には自己責任の要求という形でリアクションが要求されることになる。そして、犯罪という道を選択した者は、それを選択しなかった自らとは異なる存在なのであり、犯罪者の異質性・異常性が強調されることになる。この考えは必然的に、犯罪者の隔離・排除を強調することとなり、刑事司法を重

＊3　実際、「生活安全条例」制定の原動力となっている「破れ窓理論」を提唱し、監視を通じた犯罪機会の除去により犯罪の減少を図るべきだと主張する環境犯罪学が有力になった背景には、犯罪は合理的な自己決定の所産であるという合理的選択理論の考え方が存在している。

なお、竹内靖夫『法と正義の経済学』（新潮社、二〇〇二年）にも、犯罪を自己決定・自己責任の所産とみなして重罰により対処すべきだとの発想があるように思われる。

＊4　特集「刑事規制の変容と刑事法学の課題」刑法雑誌四三巻一号、特集「最近の刑事立法の動きとその評価」法律時報七五巻二号など参照。

＊5心神喪失者医療観察法　殺人、放火など重大な犯罪を犯した者に責任能力がない場合（心神喪失）、善悪の分別ができないとして刑を科すことはできない。ま

罰化・厳罰化の方向に向わせる。さらに、犯罪の機会がなければ犯罪を行わないという選択が働くはずだとして、さまざまな監視メカニズムを要求する。そして犯罪者に対する監視は「自らとは異質な存在」に対するものであるから、好ましいものとして（少なくとも否定的に評価されるべきものではないとして）、正当化される。*3

一九九〇年代（特に後半）以降、今日に至るまでの日本の刑事法現象なかんずく立法作業は、このような形を中心に展開されてきた。*4 そして、社会問題となりその賛否が大きくわかれた少年法改正（二〇〇〇年）にはそのような傾向が凝縮されて現われており、刑罰適用年齢の引下げ、少年審判への検察官関与、審判における被害者（遺族）の意見陳述や情報提供の機会の付与などが盛り込まれた。また、*5心神喪失者医療観察法（二〇〇四年）、刑法改正による法定刑の引き上げ（二〇〇四年）にもこのような発想があり、医療施設か刑務所かという違いはあるにせよ、施設収容による隔離と社会防衛機能の向上が図られている。

本書で取り上げられた「生活安全条例」も、実は同じ発想にほかならない。なるほど、「生活安全条例」は法分類的には行政法であって刑事法ではなく、必ずしも具体的な犯罪の摘発・処罰を求めている（中には罰則を伴うものも含まれているが）わけでもなく、犯罪防止のために民間がさまざまな施策を行おうというのが、その基本的コンセプトである。だが、そこでは、犯罪者という「異質」な人物を早期発見・早期除去することと、そのための監視が手段とされ、それにより「普通」の市民は安心感を得ようというのである。

た、善悪の分別をつけることが困難な状態（心神耗弱）での犯行の場合、責任能力を完全に問うことができない（限定責任能力）として、刑が軽くされる（刑法三九条）。これらを理由に不起訴となり、あるいは無罪または刑の軽減の判決があった場合、検察官の申立てにより（三三条）、裁判所の決定により入院・通院などの命令がなされる（四二条）。通院は三年以内（但し延長可能）だが、入院の場合、期間は不定期である。

いわゆる大阪池田小事件をきっかけに、「危険な精神障害者が野放しになっている」との非難が起こったことを契機に制定された。しかし、精神障害者を監視・隔離の対象とするものであってこのような人たちへの偏見を助長し、かえって有効な治療・社会復帰を妨げる、などの批判も強い。

◎いくつかの問題

犯罪者は我々と異質な存在ではない

しかし少し考えれば、以上のような見解は様々な問題を孕んでいることが容易に理解される。そもそも、確かに人は「強い個人」、合理的な存在であることを期待され、要求されることはありうる。だが、現実には「強い個人」では決してないし、成功もすれば失敗もする存在であることはいうまでもない。しかも、犯罪とは異なり最も合理的な計算を要求されるはずの経済活動も、貿易、企業活動、株の取引きはもとより、日用品の購入にいたるまで、合理的選択のみで説明できるわけではない。経済的には不合理なことであっても、社会的な意義・個人的関心からまったく別の選択肢が選ばれることはしばしばである。合理的選択で割り切れるには人間行動はあまりに複雑な存在である、という単純な事実に気づくべきであろう。だとすれば、犯罪は合理的な自己決定の所産である、という図式自体がすでに成り立ち得ない。事実、法務省による受刑者調査によれば、犯罪を行う際に後の検挙を思い描いていた者は決して多くはないのである。[*6] 逆に「住み慣れたムショに戻りたい」として軽微な窃盗を繰り返す者も少なくないのである。

そしてそうであるなら、「犯罪を選択する存在」と「犯罪を選択しない存在」という異質性の存在も、基盤を失うことになろう。もちろん、犯罪を行ったという点では非難され、責任を追及されねばならないが、犯罪者は我々と異質な存在ではない。犯罪を犯していない者と同様、

＊6　やや古いデータだが、『昭和六一年度犯罪白書』三四七頁以下参照。

一個の人格としての存在なのであり、しかし何らかの理由で犯罪の原因を負い現実にそれを実行した存在なのである。むしろこの点で求められているのは、犯罪に走った原因の探求とその除去、それによる社会復帰であって、異端者であることを理由とする隔離・排除ではない。[*7]これはまた、厳罰化をはじめとする厳格な刑事司法そして「生活安全条例」の有効性・必要性に疑問を投げかける事実でもある。

何でも警察という事態がなぜ生じた

「『不安社会』と犯罪・刑事法」で触れた「不安社会」の刑事法には、もうひとつの特徴がある。それは、警察を中心とする法執行機関・刑事司法機関による警察的・刑事的介入の必要を強調することであり、また、警察による積極的な支援策が望ましいという前提の下で立論が組み立てられていることである。もちろん、警察の存在やその活動は市民生活にとって不可欠であるから、警察的介入、警察的支援がただちに間違いであるとか、さらにおよそ正しくないといえないことは当然である。

しかし、第1部Q9あるいは田中論文などで触れられたことも含め、いくつかの点を指摘しておく必要がある。

第一に、何でも警察に委ねてしまうことは、一般市民にとっても警察の現場にとってもかえって危険だということである。警察の機能が多岐にわたるとしても、その最も重要な機能は公共の秩序維持(警察法二条一項)である。そしてそのために、警察官は武器の使用を含め、様々な強制権限を与えられている。すなわち警察は、実力・強制を背景に秩序維持(侵害行政)

*7 「社会復帰」なる語は、一般には「犯罪を行った者が刑事施設から出所すること」というニュアンスで用いられることも多いようだが、本来はそれにとどまらず、「犯罪にたち至った原因を発見・除去し、一般市民としての生活を営みうるようにする」という教育的側面を含むものなのである。

したがって、刑事施設のあり方も、このような教育的側面に十分配慮したものでなければならず、現在のように受刑者の管理・監督に尽きる場であってはならない。この点については、刑事立法研究会編『二一世紀の刑事施設』(日本評論社、二〇〇三年)参照。

の機能を果たすためのものであり、通常の民生・福祉的業務にあたることは想定されていないし、ましてそのために存在する組織ではない。そのため、警察権限は必要以上に拡大されてはならないのであり、その運営も可能な限り謙抑的に行われるべきなのである。給付行政の機能を担う場合にも、警察はそもそも侵害行政の担い手であるという本質に配慮した慎重さが必要なのである。*8

第二に、何でも警察という事態がなぜ生じたのかであるが、その一端はいうまでもなく民生・福祉部門のスリム化・民営化・民間委託などによる縮小であり、「小さな政府」「効率的な政府」の名のもとにそれを推し進めてきた一連の「構造改革」路線であり、いわゆる新自由主義的改革である。

そして第三に、このような構造改革路線、新自由主義的改革は、福祉・民生部門では確かに「小さな政府」志向であるが、治安・軍事のような最も権力的な部分は、むしろ「大きな政府」志向である。これは、犯罪が増えたから警察官の増員だけは認めざるを得ないという事情からではない。構造改革路線、新自由主義的改革がもともと「強い国家」志向を持っていたことは、アメリカのレーガン政権及び両ブッシュ政権、イギリスのサッチャー政権に典型的に現われており、日本においても同様である。もともと、構造改革路線、新自由主義的改革は、経済を中心とする覇権をめぐる大国の思惑からもたらされたものであるから、対外的には軍事優先であり、対内的には「国を挙げての競争」に勝ち残るという意味でナショナリズムの性格を帯びるのである。*9

---

*8　警察活動を「慎重に」行うべきことが、必要な場合の権限不行使や情報の不提供を意味するものでないことはいうまでもない。市民側の要請にこたえる権限行使、情報提供はむしろ不可欠である。問題は、現在の警察がそのような形で機能しているのか、最悪の場合には情報操作的な情報提供がなされているのではないか、ということである。

*9　注2に挙げた文献のほか、金子勝『反グローバリズム』（岩波書店、一九九九年）、スティグリッツ著、鈴木主税訳『世界を不幸にしたグローバリズムの正体』（徳間書店、二〇〇二年）、同『人間を幸福にする経済とは何か』（徳間書店、二〇〇三年）など参照。

市民的ニーズに名を借りた市民に対する監視・統制の手段

さらに、このような治安・軍事機構の肥大化は、「警察は悪をなさず」あるいは「警察は間違わない」という前提の下に組み立てられている。このことは、「生活安全条例」が設置を奨めている「防犯カメラ」について、記録した映像の目的外使用禁止や運用上の指針に関する規定が一部の例外を除けばほとんど見られないことにも現われている。また、「生活安全条例」の制定過程においても、警察権限の拡大をどう考えるかといった問題はほとんど考慮に入れられていない。

もともと、警察を含め権力という存在は、権力であるが故に濫用され、かつ好むと好まざるとを問わず、支配勢力により利用される性格を有する。そして、このような性格は、政治体制のいかんを問わず、権力というものの最も本質的な性格なのである。そこで近代民主主義思想は、権力の根源を市民の社会契約に求めることにより、市民自らが権力を行使し、権力行使による恩恵を自らのものにしようとする存在たろうとした。しかしその一方で権力の本質である権限濫用の存在にも意を払い、人権思想を確立させることにより、民主主義的な権力といえど個人・市民社会に介入し得ない領域を形作ろうとしたのである。

民主主義思想というものは、このような微妙なバランスに支えられた存在なのである。

だが、「生活安全条例」をはじめとする最近の刑事立法の動きは、このようなことを十分に考慮したものでは決してない。確かにこれらは「市民のニーズ」「世論」を理由に推進されており、この限りではすぐれて「民主的」である。しかし、これらのニーズや世論が作られたものでないかという問題は措くとしても、警察をはじめとする権力に本質的に付随する濫用の危険、副作用にほとんど目が向けられていない。そしてこのことは、市民を守るという名目で制定されたこれらの立法が、実は市民に対する様々な権利侵害をもたらす立法へと容易に転化する契機となりうるということでもある。さらにいえば、市民的ニーズに名を借りた市民に対する監視・統制の手段を目的としているのでないか、ということでもある。

◎法の必要性について冷静・客観的な検証を

立法化の前提

すでに見てきたとおり、「生活安全条例」をはじめ最近の刑事立法は、市民的ニーズの名の下に警察権限・捜査権限を拡大・強化するものである。もちろん、真に必要であれば、警察権限の拡大も許されるであろう。しかしそのためには、いくつかの前提条件が存在している。

第一に、当該立法の必要性について、冷静・客観的な検証が行なわれるべきことである。少年法改正の際には、少年犯罪の凶悪化ということがしばしば指摘された。しかし、国会審議の過程においてさえ、そのような実態には多分に疑問が投げかけられ、とりわけ最近では、凶悪化の事実は存在しないとの実証的研究がむしろ増えつつある。[*10]「生活安全条例」でも同様だが、犯罪の増加・検挙率の低下という実態の有無、あるとすればそれは何によってもたらされたのかということについて、冷静な分析が必要である。このような分析を経て、「生活安全条例」を含め警察権限を拡大する立法の必要性に疑いが生じた場合、速やかにそれを廃止する姿勢が求められる。

＊10 鮎川潤『少年犯罪』(平凡社新書、二〇〇一年)、日弁連編『検証少年犯罪』(日本評論社、二〇〇二年)、土井隆義『「非行少年」の消滅』(信山社、二〇〇三年)など参照。なお、犯罪一般については河合幹雄『安全神話崩壊のパラドックス』(岩波書店、二〇〇四年)参照。

第二に、これまで、警察は国家の最も権力的な部分の担い手として、秘密のベールに包まれてきた。このような秘密性が強ければ強いほど、警察は腐敗し、人権抑圧的となり、真の市民的ニーズに対して不感症となる。だが、警察が真に市民のニーズに応えうる存在となるためには、警察の実態をできる限り明らかにし、その抱える問題を改革してゆくことが不可欠である。先に触れた犯罪の実態分析の解明のためにも、この作業は不可欠である。とりわけ、警察の業務の可能な限りの透明化と警察権限の見直し、警察に対する苦情・不服申立て制度の一層の整備、表現・結社の自由といった警察官の市民的自由の保障などが図られる必要は高い。*11

処罰を求める自らへの冷静な観察を

犯罪は「社会の原罪」であるといわれる。犯罪は、環境犯罪学がいうような生活環境のみから生み出されるわけではなく、またもっぱら個人的資質に還元されるものでもない。それは同時に「一種の社会の風土病」であり、「その社会の体質を診断する徴候群」なのである。この点で、「犯罪者は、社会の原罪の贖罪的犠牲者」であり、「社会は自分が生んだ犯罪者を罰することによって、みずからの罪を免れようとする」存在なのであろう。そしてそのような性格ゆえ、「人を裁くものは、罪に対するきびしい態度が必要であるにしても、その根底には人間に対する深い理解と、常にみずからをも反省する心の謙虚さをそなえていなければならない」のである。*12

しかし、「生活安全条例」や最近の刑事立法の発想は、これと正反対である。そこには、犯罪現象や犯罪者、更には処罰を求める自らを冷静に観察しようとする片鱗も存在しない。人

*11 日弁連編『検証日本の警察』(日本評論社、一九九四年)、同『だいじょうぶ? 日本の警察』(日本評論社、二〇〇三年)など参照。

*12 以上の記述は、引用符部分を中心に、多くを岩井弘融『現代社会の罪と罰』(日本放送出版協会、一九七三年)二一五〜五頁に負っている。

間・社会に対する洞察も反省も存在しない。存在するのは、敵か味方かという発想、ややもすると感情的な責任追及論・必罰論のみであり、理性的な問いかけは存在しない。「生活安全条例」で「安心」がクローズアップされるのも、このような感情的・情念的思考に由来するのであろう。それ故、自らは絶対善であり犯罪者は絶対悪としてのみ描かれ、犯罪の原因に立ち入って考えることを全くといってよいほど行なわない。そしてこの点で、自らを高みに置いて他者を見下すという偽善的性格を内在している。

このような荒んだ感覚から、真に優れた犯罪との闘争が可能なのであろうか。このことこそが問い直されるべきであるように思われる。

（しんや・たつゆき）

第5章　規律化と遺棄による「社会の安全」確保

――「生活安全条例」と憲法

石埼　学
亜細亜大学助教授

◎日本国憲法に対する挑戦

「個人の尊重」（憲法一三条）の原理を機軸とする日本国憲法に対する今日の（社会の安全の名による）挑戦は、規律化（normalisation）と遺棄によって特徴付けられるだろう。

ここで、規律化とは、権力者が規範意識を強調することによって、権力者が望ましいと考える生き方や行動様式が個々人に強いられる権力の在り様である。「自立した個人」「生きがい」「自己責任」などの言説に、それは象徴的に表れている。

また遺棄とは、失業、差別あるいは選別などによって、生きる意欲を殺がれ、無力化され、貧困を強いられている人々に対する社会の責任放棄のことである。遺棄は、社会構造の中にますます多くの有形無形の暴力を組み込みながら進んでいるように見える。それは、政策としては、社会保障の全面的後退や子どもの選別の様相を強める教育改革や治安管理の強化として表れている。

規律化と遺棄は、密接に関係しているように思われる。権力者が求める規範意識に順応しない、できない人は、遺棄されるという関係にある。言い換えれば、自己責任で生きがいを見出し自立する個人を活かし、それができない個人は見捨てるということである。

これは、他人の人権を侵害しない限りにおいて個人の生き方や行動様式は、個人が自由に決めるという意味での「個人の尊重」の否定であり、そのような意味での「個人の尊重」の条件を整備するための生存権（憲法二五条）の否定である。

「生活安全条例」の増殖は、このような日本国憲法に対する新手の挑戦の一環と考えていい。

◎強調される規律化／規範意識

群馬県治安回復条例は、「あいさつの励行」「地域の行事への参加」を「県民の責務」としている（同条例五条）。同条例は、罰則等でこのような責務を県民に強制しているわけではない。しかし、言説というものは、それ自体に力がある以上、地域で明るくあいさつし、地域の行事にも明るく楽しく参加する人が、望ましい群馬県民であり、そうでない人は、群馬県民にあるまじき人とみなされるのみならず、「治安回復条例」の規定だけに、潜在的犯罪者とみなされかねないという効果を同条例は持つであろう。

「それは考えすぎだ」と思う読者もいるかもしれない。しかしこのように考える以外に、「治安回復」を掲げた条例に「あいさつの励行」や「地域の行事への参加」が盛り込まれた理由は理解できないであろう。学校教育の場で言われる「服装の乱れは、心の乱れ」的な発想が、この条例には間違いなくある。「路上喫煙」や「犬の糞の放置」を禁じる諸条例（コラム「奇妙な犯罪」〔本書一一頁〕参照）も同じである。

「路上喫煙」の禁止で有名な千代田区生活環境条例の前文には次のように書いてある。「千代田区は、区民とともに、安全で快適な生活環境を護るため、ごみの散乱防止を始め、諸施策を実施してきた。しかし、公共の場所を利用する人々のモラルの低下やルール無視、マナーの欠如などから、生活環境改善の効果は不十分である。／生活環境の悪化は、そこに住み、働き、集う人々の日常生活を荒廃させ、ひいては犯罪の多発、地域社会の衰退といった深刻な事態にまでつながりかねない。／今こそ、千代田区に関わるすべての人々が総力を挙げて、安全で快適な都市環境づくりに取り組むときであり、区民や事業者等すべての人々の主体的かつ具体的な行動を通じて、安全で快適なモデル都市千代田区をつくっていこう」。

このような認識の下に作られた条例が、指定区域での「路上喫煙」を行政罰（過料）でもって禁止しているのである。

群馬県の条例が、「あいさつ」することの善し悪しの問題ではないのと同様に、千代田区の条例を、「路上喫煙」の善し悪しの問題として論じることはできない。「路上喫煙」という公共の場所での「モラルの低下」「ルール無視」は、「犯罪の多発」の予兆なのであり、それゆえにこそ、禁じられるのである。一般的に「あいさつ」や「路上喫煙」の善し悪しを論じることは、この際は、無意味であるどころか、これらの行為が治安政策の対象とされている理由を見誤らせるという意味で有害ですらある。

この千代田区の条例のような屁理屈は、かつての日本では「風が吹けば桶屋が儲かる」みたいな話として揶揄されたのであるが、最近流行のアメリカ風の言い方では、「割れ窓理論」（コラム「石原都知事も好きな『割れ窓理論』」本書二七頁参照）と言う。

このような個人の微細な逸脱行為が、治安対策として規律の対象になっているのである。

◎割れ窓理論／ゼロ・トレランスの帰結

一つの窓が割られている建物があると、潜在的犯罪者が図に乗り、どんどん窓を壊していき、大きな犯罪につながるという「理論」が、「割れ窓理論」であり、だからこそ、微細な逸脱行為にも容赦なく対処しなければならないというのがゼロ・トレランス政策である。

こうした「理論」と政策が、微細な逸脱行為を犯罪の予兆とみなす「生活安全条例」の諸規定の背景にある。しかしその特徴は、従来は、犯罪の予兆とはみなされなかった行為まで、犯罪の予兆にしてしまっていることである。この容赦なき（ゼロ・トレランス）治安政策は、どのような行為にまで対象を拡大するのか、理論的にはわからない。

現に、二〇〇三年八月一日の「東京都緊急治安対策本部」設置にあたっての「決意表明」で、竹花豊東京都副知事は、『「こんなことで良いのか。何とかならないのか』と多くの人々が感じているのに、半ば放置されてきたことにより、規範の低下をもたらし、治安の悪化に直接、間接の影響を与えている問題の解決にチャレンジします」と述べた。そうした方針の下、現在、「東京都緊急治安対策本部」は、痴漢防止対策や迷惑防止対策など「駅構内・電車内等公共空間における反社会的行為の防止について」広く意見を募集している。

「東京都緊急治安対策本部」も採用している容赦なき治安政策のもとで、今後、どのような微細な逸脱行為が犯罪の予兆にされるのかはまったくわからない。正当な理由なく地べたに座り込むことだろうか。正当な理由なく数人で「たむろ」することだろうか。酔っ払って千鳥足で歩くことだろうか。

◎犯罪の予兆の抑止

「生活安全条例」を推進する権力者や専門家らは、犯罪の動機などどうでもよく、彼らは、犯罪の予兆をかぎつけ、抑止することが大事であることを強調する。この点について批判しておこう。

「個々の犯罪の正確な動機はともかく、貧困や理不尽な差別など、犯罪の背景となる可能性が誰の目にも明らかな状態までが、どうして無視されなければならないのだろうか」（斎藤貴男『安心のファシズム』〔岩波新書、二〇〇四年〕一六八頁）という真っ当な批判も、権力者やそれに仕える専門家には届かないかもしれない。なぜなら、「自立した個人」の「自己責任」を旨とする社会では、貧困に陥ること自体が、「犯罪」であるからである。理不尽な差別の中を生き抜く人々は、多くの場合は貧困を強いられる。したがってやはり、そのような立場にあること自体が、「犯罪」なのである。「貧困の犯罪化」と言われる事態が進行しているのである。

犯罪の原因を除去するのではなく、犯罪の「機会」をなくし、犯罪の予兆の早期発見を目指す今の治安政策は、社会構造のゆがみや階級格差や理不尽な差別を覆い隠してしまう政策でもあるのだ。

そして、何が犯罪の予兆であるかは、先に述べたことの繰り返しになるが、権力者や専門家が恣意的に決めるのである。「そうではない」と考える読者もいるだろう。しかし「あいさつの励行」が「治安回復」につながるのはなぜか、「路上喫煙」が、「犯罪の多発」につながるのはなぜか、私にはさっぱり理解できないのである。

◎政治的表現への弾圧へも発展

容赦なき治安政策は、政治的表現の弾圧にも適用されつつあるように見える。杉並区生活安全及び環境美化に関する条例は、「公共の場所及び他人が所有し、占有し、又は管理する建築物その他の工作物を、みだりに塗料等により汚損すること」(一二条七項)と定義された落書きを禁止し(四条二項二号)、違反者に「五万円以下の罰金」を科している。

その杉並区で、二〇〇三年四月一七日、区立公園の公衆便所の外壁にラッカースプレーで「反戦」、「戦争反対」及び「スペクタクル社会」と落書きした男性が、器物損壊罪の現行犯で逮捕され、四四日間も勾留されるという事件が起こった。

公共の場所での政治的表現活動は憲法二一条により手厚く保障されているから、男性の落書き行為は、形式的には器物損壊罪ないし杉並区の条例が禁止する「落書き」に該当する可能性があるが、公共の場での表現活動であるから、違法性[*1]が阻却され、無罪になるべきものと私は考える。百歩譲っても、せいぜい器物損壊罪で罰金刑というのが妥当なところである。ところ

＊1違法性阻却事由　刑法の犯罪類型に該当する行為であり、法によって守られるべき利益(保護法益)の侵害があった行為であっても、行為者が自らの保護法益を守るためにやむをえない行為であったときに、その行為を正当化する根拠を「違法性阻却事由」という。刑法三六条の「正当防衛」、三七条の「緊急避難」は、違法性阻却事由の典型的なものである。

が、この事件では、検察が、より刑罰の重たい建造物損壊罪で起訴をし、二〇〇四年九月六日には東京高等裁判所は、懲役一年二ヵ月執行猶予三年の東京地方裁判所判決（二〇〇四年二月一二日）を支持する判決を出した。

この必要をはるかに超えた重罰は、「落書き」を、それ自体として判断するのではなく、「犯罪多発」やより凶悪な犯罪の予兆とみなす容赦なき治安政策が展開される中で、裁判所までが、「容赦なき治安司法」となりつつあるのではないか、と疑わせるに十分である。この事件のほかにも、立川で自衛隊官舎に、自衛隊のイラク派兵に反対するチラシを配布した三人の市民が、七五日間も勾留され、住居侵入罪で起訴された事件、日本共産党の機関紙を休日等に配布した社会保険庁の職員が、ほとんど死文化したと思われていた国家公務員法一〇二条ならびに人事院規則一四―七違反の容疑で逮捕・起訴された事件も起こっている（両事件については、「法学セミナー」二〇〇四年八月号の特集の各論文を参照）。

立川で自衛隊官舎に反戦ビラを投函した市民三人が「住居侵入罪」に問われた事件の判決が、東京地方裁判所八王子支部で二〇〇四年一二月一六日に言い渡された。判決は、自衛隊官舎の敷地や共有スペースに立ち入った行為は、形式的には住居侵入罪にあたるとしたが、政治的表現活動を動機として、平穏に立ち入った三人の行為は、結果としても官舎の住人のプライバシーを侵害するところも極めて低く、刑罰を科するほどの違法性はないとして、無罪判決を言い渡した。判決は、政治的表現の自由は、「民主主義の根幹」にかかわるから、営業活動としてのビラ配りと比しても、より手厚く保障されねばならないという画期的判断もしめした。

しかし一二月二四日東京地検八王子支部は、この判決を不服として、東京高等裁判所に控訴した。なお、一二月二三日には、葛飾区内のマンションに日本共産党の「都議会報告」等を配布していた男性が住居侵入容疑で逮捕され、二〇〇五年一月一一日に起訴される事件も起こっている。一連の警視庁と東京地方検察庁による言論弾圧は、自由な社会と民主主義に対する攻撃の様相を呈している。

こうした一連の常軌を逸した政治弾圧の背景には、反戦活動や政権批判を、そのメッセージどおりに受け取るのではなく、たとえば、いわゆる「テロ」の予兆とみなす政治版「割れ窓理論」があるのではないかと疑いたくなる。

◎日本国憲法が想定する治安政策とは

容赦なき治安政策の一環として、もともと犯罪ではないし、犯罪化するに値しない微細な個人の逸脱行為を規律する生活安全条例は、他人の人権を侵害しない限り個人の生き方や行動様式を最大限に尊重することを基本原理とし、個人が自由に生きることができるように生存権を保障した日本国憲法に対する新手の挑戦である。そして、それは、政治弾圧の温床にさえなりつつある。

日本国憲法が想定する治安政策は、何よりも、一人一人が個人として尊重され、また他人を個人として尊重し、犯罪の原因となる貧困や社会に組み込まれたさまざまな暴力を除去していくような治安政策である。

（いしざき・まなぶ）

児童等の安全を確保するよう努めるものとする。

（児童等の安全の確保のための指針の策定）

第20条　知事，教育委員会及び公安委員会は，共同して，学校等における児童等の安全の確保のための指針を定めるものとする。

（学校等における安全対策の推進）

第21条　都立の学校等の管理者は，必要があると認めるときは，その所在地を管轄する警察署その他の関係機関の職員，児童等の保護者，地域における犯罪の防止に関する自主的な活動を行う都民等の参加を求めて，当該学校等における安全対策を推進するための体制を整備し，児童等の安全を確保するために必要な措置を講ずるよう努めるものとする。

2　都は，都立の学校等以外の学校等を設置し，又は管理する者に対し，当該学校等における安全対策の実施について，必要な情報の提供，技術的助言等を行うよう努めるものとする。

（通学路等における児童等の安全の確保）

第22条　警察署長は，その管轄区域において，通学，通園等の用の供されている道路及び児童等が日常的に利用している公園，広場等（以下「通学路等」という。）の管理者，地域住民，児童等の保護者並びに学校等の管理者と連携して，当該通学路等における児童等の安全を確保するために必要な措置を講ずるよう努めるものとする。

2　都民は，通学路等において，児童等が危害を受けていると認められる場合又は危害を受けるおそれがあると認められる場合には，警察官への通報，避難誘導その他必要な措置を行うよう努めるものとする。

第７章　雑則

（指針の公表）

第23条　知事，教育委員会又は公安委員会は，第10条，第15条又は第20条に規定する指針を定め，又は変更したときは，遅滞なくこれを公表するものとする。

（委任）

第24条　この条例に定めるもののほか，この条例の施行に関し必要な事項は，規則で定める。

附　則

この条例は，平成15年10月１日から施行する。

（道路，公園等に関する指針の策定）

第15条　知事及び公安委員会は，共同して，道路，公園，自動車駐車場及び自転車駐車場について，犯罪の防止に配慮した構造，設備等に関する防犯上の指針を定めるものとする。

（自動車駐車場及び自転車駐車場の設置者等の努力義務）

第16条　自動車駐車場又は自転車駐車場を設置し，又は管理する者は，前条に規定する防犯上の指針に基づき，当該自動車駐車場又は自転車駐車場を犯罪の防止に配慮した構造，設備等を有するものとするために必要な措置を講ずるよう努めるものとする。

第5章　商業施設等の防犯性の向上

（犯罪の防止に配慮した店舗等の整備）

第17条　銀行，信用金庫，労働金庫，商工組合中央金庫，農林中央金庫，信用組合，農業協同組合，漁業協同組合，信用農業協同組合連合会，信用漁業協同組合連合会及び貸金業の規制等に関する法律（昭和58年法律第32号）第２条第２項に規定する貸金業者（以下「金融機関」という。）は，犯罪の防止に配慮した構造，設備等を有する店舗等の整備に努めるものとする。

２　深夜（午後10時から翌日の午前６時までの間をいう。）において営業する小売店舗で東京都公安委員会規則（以下「規則」という。）で定めるもの（以下「特定小売店舗」という。）において事業を営む者は，犯罪の防止に配慮した構造，設備等を有する店舗の整備に努めるものとする。

（事業者，管理者等に対する情報の提供等）

第18条　警察署長は，その管轄区域において，金融機関の店舗等又は特定小売店舗（以下「金融機関店舗等」という。）を開設しようとする者，金融機関店舗等を管理する者等に対し，当該金融機関店舗等の防犯性の向上のために必要な情報の提供，技術的助言その他必要な措置を講ずるものとする。

第６章　学校等における児童等の安全の確保等

（学校等における児童等の安全の確保）

第19条　学校（学校教育法（昭和22年法律第26号）第１条に規定する学校（大学を除く。）同法第82条の２に規定する専修学校の高等課程及び同法第83条第１項に規定する各種学校で主として外国人の児童，生徒，幼児等（以下「児童等」という。）に対して学校教育に類する教育を行うものをいう。），児童福祉法（昭和22年法律第164号）第７条に規定する児童福祉施設及びこれに類する施設として規則で定めるもの（以下これらを「学校等」という。）を設置し，又は管理する者は，次条に規定する児童等の安全の確保のための指針に基づき，当該学校等の施設内において，

行う犯罪防止のための自主的な活動を促進するために必要な支援を行うものとする。

（情報の提供）

第8条　都は，都民等が適切かつ効果的に犯罪防止のための自主的な活動を推進できるよう，必要な情報の提供を行うものとする。

2　警察署長は，都民等が適切かつ効果的に犯罪防止のための自主的な活動を推進できるよう，その管轄区域における犯罪の発生状況等の必要な情報の提供を行うものとする。

第3章　住宅の防犯性の向上

（犯罪の防止に配慮した住宅の普及）

第9条　都は，犯罪の防止に配慮した構造，設備等を有する住宅の普及に努めるものとする。

（住宅に関する指針の策定）

第10条　知事及び公安委員会は，共同して，住宅について，犯罪の防止に配慮した構造，設備等に関する防犯上の指針を定めるものとする。

（建築確認申請時における助言等）

第11条　都は，共同住宅について建築基準法（昭和25年法律第201号）第6条第1項の規定により都の建築主事の確認を受けようとする建築主に対し，当該共同住宅への犯罪の防止に配慮した設備の設置等に関して，その所在地を管轄する警察署長に意見を求めるよう助言するものとする。

2　前項の規定により建築主から意見を求められた警察署長は，共同住宅への犯罪の防止に配慮した設備の設置等に関して，必要な情報の提供及び技術的助言を行うものとする。

（建築事業者，所有者等の努力義務）

第12条　住宅を建築しようとする事業者及び共同住宅を所有し，又は管理する者は，第10条に規定する防犯上の指針に基づき，当該住宅を犯罪の防止に配慮した構造，設備等を有するものとするために必要な措置を講ずるよう努めるものとする。

（建築主，所有者等に対する情報の提供等）

第13条　都は，都の区域において住宅を建築しようとする者，住宅を所有し，又は管理する者，住宅に居住する者等に対し，住宅の防犯性の向上のために必要な情報の提供，技術的助言その他必要な措置を講ずるものとする。

第4章　道路，公園等の防犯性の向上

（犯罪の防止に配慮した道路，公園等の普及）

第14条　都は，犯罪の防止に配慮した構造，設備等を有する道路，公園，自動車駐車場及び自転車駐車場の普及に努めるものとする。

明らかにするとともに，安全・安心まちづくりを推進し，もって安全で安心して暮らすことができる社会の実現を図ることを目的とする。

（基本理念）

第２条　安全・安心まちづくり（地域社会における都民，事業者及びボランティア（以下「都民等」という。）による犯罪の防止のための自主的な活動の推進並びに犯罪の防止に配慮した環境の整備をいう。以下同じ。）は，都並びに特別区及び市町村（以下「区市町村」という。）並びに都民等の連携及び協力の下に推進されなければならない。

（都の責務）

第３条　都は，区市町村及び都民等と連携し，及び協力して，安全・安心まちづくりに関する総合的な施策を実施する責務を有する。

2　都は，前項の施策の実施に当たっては，国及び区市町村との連絡調整を緊密に行うものとする。

3　都は，区市町村の安全・安心まちづくりに関する施策の実施及び都民等の安全・安心まちづくりに関する活動に対し，支援及び協力を行うよう努めるものとする。

（都民の責務）

第４条　都民は，安全・安心まちづくりについて理解を深め，自ら安全の確保に努めるとともに，安全・安心まちづくりを推進するよう努めるものとする。

2　都民は，都がこの条例に基づき実施する安全・安心まちづくりに関する施策に協力するよう努めるものとする。

（事業者の責務）

第５条　事業者は，安全・安心まちづくりについて理解を深め，その所有し，又は管理する施設及び事業活動に関し，自ら安全の確保に努めるとともに，安全・安心まちづくりを推進するよう努めるものとする。

2　事業者は，都がこの条例に基づき実施する安全・安心まちづくりに関する施策に協力するよう努めるものとする。

（推進体制の整備）

第６条　都は，区市町村及び都民等と協働して，安全・安心まちづくりを推進するための体制を整備するものとする。

2　警察署長は，その管轄区域において，区市町村及び都民等と協働して，安全・安心まちづくりを推進するための体制を整備するものとする。

第２章　都民等による犯罪防止のための自主的な活動の促進

（都民等に対する支援）

第７条　都は，安全・安心まちづくりについての都民等の理解を深め，都民等が

3　路上禁煙地区においては，道路上で喫煙する行為及び道路上（沿道植栽を含む。）に吸い殻を捨てる行為を禁止する。

4　区長は，路上禁煙地区を指定し，変更し，又は解除しようとするときは，当該地区の区民等の意見を聴くとともに，所轄警察署と協議するものとする。

5　区長は，路上禁煙地区を指定し，変更し，又は解除するときは，規則で定める事項を告示するとともに，その地区であることを示す標識を設置する等周知に努めるものとする。

第5章　罰則

（過料）

第24条　次の各号のいずれかに該当する者は，2万円以下の過料に処する。

(1)　推進モデル地区内において第9条第1項の規定に違反し，生活環境を著しく害していると認められる者

(2)　第21条第3項の規定に違反して路上禁煙地区内で喫煙し，又は吸い殻を捨てた者（前号に該当する場合を除く。）

（罰金）

第25条　推進モデル地区内において第9条第1項の規定に違反し，第15条の改善命令を受けてこれに従わなかった者は，5万円以下の罰金に処する。

（最近の都道府県「生活安全条例」の一例として）

○東京都安全・安心まちづくり条例（平成15年7月16日条例第114号）

目次

第1章　総則

（目的）

第1条　この条例は，東京都の区域における個人の生命，身体又は財産に危害を及ぼす犯罪の防止に関し，東京都（以下「都」という。），都民及び事業者の責務を

に努めなければならない。

この場合において，区は関係行政機関と協議するよう指導するものとする。

第3章　快適なまちづくり

（公共の場所の清浄保持）

第9条　何人も，公共の場所においてみだりに吸い殻，空き缶等その他の廃棄物を捨て，落書きをし，又は置き看板，のぼり旗，貼り札等若しくは商品その他の物品（以下「置き看板等」という。）を放置（設置する権限のない場所に設置する場合は放置とみなす。以下同じ。）してはならない。

2　区民等は，公共の場所において歩行中（自転車乗車中を含む。）に喫煙をしないように努めなければならない。

3　犬猫その他愛玩動物の飼い主又は管理者は，当該動物を適切に管理しなければならず，公共の場所で，ふんを放置する等他人の迷惑となる行為をしてはならない。

（チラシの散乱等の防止）

第13条　何人も，屋外広告物を掲出し，チラシその他の宣伝物を配布しようとするときは，まちの美観に配慮しなければならない。

2　公共の場所において，チラシ等を配布し，又は配布させた者は，そのチラシ等が散乱した場合においては，速やかにこれを回収し，当該公共の場所の清掃を行わなければならない。

（健全な環境の確保）

第14条　何人も，善良な風俗を害し青少年に悪影響を及ぼす活動を行い，その活動に関し広告物の掲出，チラシ，パンフレット等の配布等を行ってはならない。

2　何人も，前項の活動に資金や場所を提供し，その他の協力をしてはならない。

（改善命令及び公表）

第15条　区長は，前6条のいずれかの規定に違反することにより，生活環境を著しく害していると認められる者に対し，期限を定めて必要な改善措置を命じることができる。

2　区長は，前項の命令を受けてこれに従わない者については，千代田区規則（以下「規則」という。）で定めるところによりその事実を公表することができる。

第4章　生活環境整備の体制及び活動

（路上禁煙地区）

第21条　区長は，特に必要があると認める地区を，路上禁煙地区として指定することができる。

2　前項の指定は，終日又は時間帯を限って行うことができる。

資料　「生活安全条例」

（初期の理念型「生活安全条例」の一例として）

○小松島市〔徳島県〕安全なまちづくりに関する条例（平成6年12月26日条例第22号）

（目的）

第1条　この条例は，安全なまちづくりのための基本となる事項を定めることにより，市民の防犯，事故防止等安全に対する意識の高揚と自主的な防犯等の活動の推進を図り，もって市民の安全で快適な生活の増進に寄与することを目的とする。

（市の施策）

第2条　市は，前条の目的を達成するため，次の各号に掲げる事項について必要な施策を講じるよう努めなければならない。

(1)　安全なまちづくりに向けての啓発に関すること。
(2)　市民の自主的な防犯等の活動に関すること。
(3)　安全なまちづくりに向けての環境の整備に関すること。
(4)　その他この条例の目的を達成するために必要な事業。

（市民の協力）

第3条　市民は，第一条の目的を達成するために行う市の施策を理解し，協力するものとする。

（意見の聴取）

第4条　市長は，この施策を実施するに当たり，必要に応じ関係者による協議会を開き，意見を求めることができる。

（委任）

第5条　この条例の施行に関し必要な事項は，市長が別に定める。

附　則

この条例は，公布の日から施行する。

（最近の罰則型「生活安全条例」の一例として）

○安全で快適な千代田区の生活環境の整備に関する条例（一部）（平成14年6月25日条例第53号）

第2章　安全なまちづくり

（安全環境の整備）

第7条　区は，街路灯の整備その他の安全に係る環境の整備に努め，防犯及び防災の観点から環境の改善に努めなければならない。

2　共同住宅，大規模店舗その他不特定多数の者が利用する施設の所有者又はこれを建築しようする者は，防犯カメラ，警報装置等の設備内容又は防犯体制の整備

2004年 8 月末現在（判明している限り）

道路・公園					共同住宅・団地造成									商業施設等							観光客			カメラ		禁止行為				物品普及					被害者支援					その他				
犯罪防止に配慮した道路、公園等の普及	指針の策定	犯罪防止に配慮した駐車場等の設置努力	駐車場設置者等に対する情報提供・助言	空地又は空家における犯罪防止の措置	犯罪防止に配慮した共同住宅の普及	犯罪防止に配慮した戸建住宅	指針の策定	建築確認申請時の助言等	建築設計者、所有者への情報提供・助言	犯罪防止に配慮した共同住宅の建築促進	犯罪防止に配慮した都市計画・団地造成	指針の策定	都市計画・住宅団地造成者に対する助言	事業所防犯責任者等の配置	銀行等貸金業店舗等の整備	深夜物品小売店舗等の整備	パチンコ店舗等の整備	宝石・貴金属店舗、金券取扱店舗等の整備	指針の策定	事業者、管理者等に対する情報提供	観光客の安全確保の広報啓発・情報提供	観光客の安全確保の推進措置	指針の策定	防犯カメラの設置	指針の策定	鉄パイプ等使用犯罪による被害防止	ピッキング用具の有償譲渡等の禁止	自動車・財物搾取等器具の携帯禁止	自販機等財物搾取等器具の携帯禁止	犯罪防止に配慮した自動車等の普及	自動車登録番号標の確認義務	犯罪防止に配慮した自販機の普及	犯罪防止に配慮した錠前の普及	盗難自動車の不正な輸出の防止	犯罪被害者等に対する支援	犯罪被害者支援活動団体に対する支援	推進体制の整備	広報・啓発	指針の策定	財政上の措置	表彰・顕彰・賞揚	指針の策定手続等・公表	罰則	規則への委任
○	○	○			○		○		○	○																○	○			○				○								○	○	
○	○	○		○	○	○	○			○																				○		○	○									○		
○	○	○			○		○			○																				○														○
○	○	○			○		○			○						○			○								○	○		○					○					○		○	○	
○	○	○			○	○	○	○	○	○					○	○				○																						○		○
○	○	○			○		○		○	○						○				○	○	○													○	○		○	○			○		
○	○	○	○		○	○	○		○	○	○	○	○		○	○			○									○	○	○		○										○	○	○
○	○	○			○	○	○		○	○																																		
○	○	○			○	○	○	○		○				○	○	○	○													○		○										○		
○	○	○			○	○	○	○	○	○	○		○		○	○				○										○	○	○			○		○							
○	○	○		○	○	○	○		○	○					○	○								○	○					○					○					○		○		○
○	○	○	○		○	○	○	○	○	○					○	○		○		○	○	○	○																		○	○		
○	○		○		○	○	○		○	○						○				○										○		○			○				○	○	○	○		○
○	○	○		○	○	○	○			○						○			○											○												○		
○	○			○	○	○	○			○						○						○																						

「生活安全条例」の構成（都道府県）

			総則・基本事項											推進体制・活動支援・環境浄化																児童・生徒の安全							
項目	施行年	施行月	前文	目的	定義	基本理念	都府県の責務・役割	都府県と市町村との役割分担と連携	都府県民の責務・役割	自治会等の責務・役割	事業者の責務・役割	安全安心なまちづくりの日・推進旬間	基本方針	推進体制・連携協力体制の整備	住民等による自主的活動に対する支援	学生等による自主的活動に対する支援	市町村に対する協力・支援	広報・啓発	犯罪発生情報、犯罪防止対策情報の提供	調査・研究	推進計画の策定等	地域安全推進指導員等の委嘱等	防犯アドバイザーの設置	安全安心（防犯）センターの指定・設置	未成年者の遵法意識の涵養施策	防犯まちづくり研修の実施	違法広告物、ビラ、落書き等の環境浄化	犯罪防止・環境浄化推進地区の指定	犯罪防止・環境浄化推進地区の浄化施策	児童生徒の安全教育の充実	児童生徒の健全育成・社会参加活動推進	学校等における児童生徒等の安全確保	指針の策定	推進体制の整備	学校等への技術的助言等	通学路等における児童生徒等の安全確保	指針の策定
大阪	02	04	○	○			○		○		○			○	○																	○	○	○	○	○	○
広島	03	01	○	○			○		○		○	○		○	○	○			○			○										○		○			
滋賀	03	04	○	○		○	○		○		○		○	○	○		○	○					○									○	○				
茨城	03	04		○			○		○		○			○	○		○	○												○	○	○	○			○	
東京	03	07		○		○	○		○		○			○	○				○													○	○	○	○	○	
沖縄	04	04		○			○		○		○			○	○				○											○	○	○	○	○	○	○	○
福井	04	04		○		○	○		○		○	○		○	○		○	○						○	○					○		○	○			○	○
秋田	04	04	○	○		○	○		○		○	○		○	○		○	○												○		○	○			○	
静岡	04	04	○	○			○		○		○			○				○	○							○				○		○	○	○		○	
愛知	04	04		○			○		○		○			○	○				○			○					○	○	○	○		○	○	○		○	
埼玉	04	08	○	○		○	○		○		○	○		○	○		○				○											○	○			○	○
大分	04	08		○		○	○		○		○			○	○				○													○	○	○	○	○	
千葉	04	10	○	○	○	○	○	○	○	○	○	○	○	○	○			○	○	○				○						○		○	○		○		
三重	04	10	○	○			○		○		○			○	○		○	○														○	○			○	○
群馬	04	06		○			○		○		○			○	○			○													○	○	○	○	○	○	

2004年
・五十嵐太郎『過防備都市』中公新書ラクレ，2004年
・斎藤貴男『安心のファシズム――支配されたがる人びと――』岩波新書，2004年
・デイヴィッド・ライアン（清水知子訳）『9・11以後の監視――〈監視社会〉と〈自由〉』明石書店，2004年

○最近の警察の問題を考えるための文献，その他

・日本弁護士連合会編『検証　日本の警察』日本評論社，1995年
・瀬川晃『犯罪学』成文堂，1998年
・佐々木光明「少年警察活動の展開とその射程――『地域創造』による市民的治安主義」新倉修ほか編『少年法の展望』現代人文社，2000年
・小林道雄『日本警察崩壊』講談社，2003年
・日本弁護士連合会編『だいじょうぶ？　日本の警察』日本評論社，2003年
・上田寛『犯罪学講義』成文堂，2004年
・金子勝ほか「特集　犯罪不安社会ニッポン――どうすれば安心なのか」『世界』2004年７月号
・河合幹雄『安全神話崩壊のパラドックス――治安の法社会学』岩波書店，2004年
・藤本哲也『犯罪学の窓』中央大学出版部，2004年

参考文献リスト

○「生活安全条例」「安全安心まちづくり」を推進する側の文献

・安全・安心まちづくり研究会編『安全・安心まちづくりハンドブック～防犯まちづくり編～』ぎょうせい，1998年
・児玉桂子，小出治編『新時代の都市計画　第五巻　安全・安心のまちづくり』ぎょうせい，2000年
・安全・安心まちづくり研究会編『安全・安心まちづくりハンドブック～防犯まちづくり実践手法編～』ぎょうせい，2001年
・小宮信夫『ＮＰＯによるセミフォーマルな犯罪統制――ボランティア・コミュニティ・コモンズ――』立花書房，2001年
・前田雅英『日本の治安は再生できるか』ちくま新書，2003年
・千代田区生活環境課『路上喫煙にＮＯ！――ルールはマナーを呼ぶか――』ぎょうせい，2003年
・G.L.ケリング・C.M.コールズ（小宮信夫訳）『割れ窓理論による犯罪防止――コミュニティの安全をどう確保するか――』文化書房博文社，2004年
・ほか，警察庁編『警察白書』，警察大学校編『警察学論集』など

○「生活安全条例」「安全安心まちづくり」を批判的に検討する文献

・田中隆ほか「特集　『草の根』治安立法（？）＝『生活安全条例』を斬る！」『法と民主主義』377号（2003年４月号）
・石埼学「生活安全条例を考える」『季刊　自治と分権』11号（2003年）
・斎藤貴男「ルポ　分断される『市民』」『論座』2003年５月号
・清水雅彦「『安全』による自由の侵蝕――『生活安全条例』がもたらす問題」法律時報75巻11号（2003年10月号）
・清水雅彦ほか「特集　要注意!?　生活安全条例」『月刊自治研』529号（2003年10月号）
・田中隆ほか「特集　生活安全条例」『人権と部落問題』715号（2004年３月号）
・石埼学「生活安全条例とコンフリクト・デモクラシーの可能性」，清水雅彦「『安全安心まちづくり』の批判的検討」『法の科学』34号（2004年）

○「監視カメラ」「監視社会化」などを批判的に検討する文献

・マイク・デイヴィス（村山敏勝，日比野啓訳）『要塞都市ＬＡ』青土社，2001年
・田島泰彦ほか編『住基ネットと監視社会』日本評論社，2003年
・田島泰彦ほか「特集　『監視社会』と市民的自由――法学からの批判的アプローチ」『法律時報』75巻12号（2003年11月号）
・小倉利丸編『路上に自由を　監視カメラ徹底批判』インパクト出版会，2003年
・江下雅之『監視カメラ社会　もうプライヴァシーは存在しない』講談社＋α新書，

生《せい》活《かつ》安《あん》全《ぜん》条《じょう》例《れい》とは何か
監《かん》視《し》社《しゃ》会《かい》の先にあるもの

2005年 2 月10日　第1版第1刷

編　者　「生活安全条例」研究会
発行人　成澤壽信
発行所　株式会社現代人文社
〒160-0016 東京都新宿区信濃町20　佐藤ビル201
振替　00130-3-52366
電話　03-5379-0307（代表）
FAX　03-5379-5388
E-Mail　daihyo@genjin.jp（代表）／hanbai@genjin.jp（販売）
Web　http://www.genjin.jp
発売所　株式会社大学図書
印刷所　株式会社ミツワ
装　丁　清水良洋＋並河野里子（Push-up）

検印省略　PRINTED IN JAPAN　ISBN4-87798-244-2　C0036